KB092009

나는
대한민국
역사
교사다

나는
대한민국
역사
교사다

초판 1쇄 발행 2013년 3월 20일
초판 2쇄 발행 2013년 11월 1일

지은이 노기원
펴낸이 이영선
펴낸곳 서해문집

이 사 강영선
주 간 김선정
편집장 김문정
편 집 허 승 임경훈 김종훈 김경란 정지원
디자인 오성희 당승근 안희정
마케팅 김일신 이호석 이주리
관 리 박정래 손미경

출판등록 1989년 3월 16일 (제406-2005-000047호)
주 소 경기도 파주시 문발동 파주출판도시 498-7
전 화 (031)955-7470 | **팩스** (031)955-7469
홈페이지 www.booksea.co.kr | **이메일** shmj21@hanmail.net

©노기원, 2013

ISBN 978-89-7483-595-8 93910

이 도서의 국립중앙도서관 출판시도서목록(CIP)은 e0-CIP 홈페이지
(http://www.nl.go.kr/cip.php)에서 이용하실 수 있습니다.(CIP제어번호:2013001315)

뉴라이트에
가하는
☯
따 끔 한
일 침

나는
대한민국
역사
교사다

노기원 | 지음

서해문집

노무현 정권이 끝나갈 무렵 뉴라이트라 불리는 일군의 집단이 한국 사회에 등장했다. 2008년 이명박 정권이 수립되자 이들은 제일 먼저 역사 투쟁을 과감히 전개했다. '금성교과서'를 좌파로 지목하고 학교 현장에서 추방하려 했다. 물론 이는 학교 현장에 일정한 갈등의 불씨가 되기도 했다. 이런 상황은 내가 역사가 과연 무엇인지 다시 고민하는 계기가 되었다. 그리고 이런 고민을 여러 사람과 함께 공유하고 싶었다.

2009년부터 나의 고민을 정리하기 시작해 이제야 책으로 펴내게 되었다. 처음 책을 내보겠다는 강한 일념으로 열심히 글을 썼지만 처음 해 보는 일이라 마음대로 잘 되지 않았다. 초고가 완성된 것은 2010년이었지만, 글의 수준이 함량미달이어서 출판할 곳을 찾지 못했다. 비록 졸고지만 다행히 몇 차례 수정을 통해서 출판하게 된 것은 큰 행운이다.

이런 개인적인 행운과는 달리 세상은 여전히 바뀌지 않았다. 얼마 전 언론 보도를 통해 경기도에서 뉴라이트 교과서로 공무원들에게 역사를 교육할 것이라는 사실을 알게 되었다. 그 동안 뉴라이트가 입지를 넓혀 사회에 대한 영향력을 더욱 강화시킨 것으로 보인다. 물론 뉴라이트가 자신들의 생각을 사회에 전파하는 일 자체는 시민권을 가진 존재로서 당연하다고 할 수 있다. 그런데 문제는 이들이 이런 권리를 자신과 생각이 다른 세력에 대해서는 인정하지 않는다는 점이다. 앞서 말했듯 이들은 금성교과서를 좌파로 규정하여 학교 현장에서 추방하려 했다. "자신과 생각이 다른 존재를 인정하고 서로 공존하는 민주공화정의 기본정신"을 훼손하는 일이다. 이런 뉴라이트의 사회적 영향력이 확대된다면, 민주공화정의 정신은 더 훼손될 것이다.

뉴라이트가 학교 현장에서 금성교과서 추방을 시도하면서 붙인 이름이 바로 '좌파'라는 말이다. 한국 사회에서 '좌파'는 여전히 사회적으로 추방되거나 격리되어야 할 존재로 여겨진다. 이는 한국 사회가 반공사회로부터 완전히 탈피하지 못했음을 보여 준다. 뉴라이트는 새로운 우파라 자임하면서도 반공이념을 여전히 신주단지 모시는 기존 우파임에 틀림없다. 이에 뉴라이트를 이해하기 위해서는 반공사회가 어떤 의미를 갖는지 밝힐 필요가 있다.

이 책은 우선 뉴라이트에 대해 일차적인 관심을 둔다. 이들은 이승만을 국부로 칭송하고 심지어 식민지 시대를 미화하며 친일파를 옹호하기도 한다. 이들은 도대체 왜 이런 주장을 할까? 이들은 어떤 사회를 꿈꾸고 무엇을 위해 이런 주장을 하는 것일까? 나는 이를 뉴라이트의 '사회의지'로 표현한다. 물론 이런 사회의지를 뉴라이트만 갖는 것은 아니다. 역사 분야에서 뉴라이트가 기존의 역사학자와 갈등을 겪고 있다면, 이들은 서로 다른 사회의지를 가지고 있다고 보아야 한다. 즉, 역사 갈등은 서로 다른 사회의지 간의 충돌이다. 이 책은 과연 뉴라이트가 가진 사회의지가 무엇이고 이들이 궁극적으로 어떤 사회를 꿈꾸고 있는지 밝히고자 한다. 그럼으로써 뉴라이트가 한국 사회에서 갖는 의미를 온전히 이해할 수 있을 것이다.

또 뉴라이트가 등장한 데는 반공사회를 탈피하지 못한 한국 사회가 그 기저에 놓여 있다. 이에 이 책은 반공이념이 한국 사회에서 어떻게 구축되었는지 '빨갱이'라는 용어를 통해서 살펴본다. 뉴라이트가 금성교과서를 좌파교과서로 명명했을 때 '좌파'는 빨갱이의 현재적 변형에 불과하다. 이 글에서 나는 빨갱이를 이해하는 데 '제주 4·3사건'을 가장 결정적인 사건으로 봤다. 제주 4·3사건이 왜 발생했으며, 한국 사회가 그동안 이 사건을 어떻게 이해하고 받아들였는지를 살펴봄으로써 빨갱이가 가진 의미를 파악할 수 있을 것이다.

얼마 전 '제주 4·3'을 다룬 오멸 감독의 '지슬'이라는 독립영화가 세계 최고의 권위를 가진 독립영화제인 선댄스영화제에서 대상을 수상했다는 소식을 들었다. '지슬'이 대상을 받은 사실은 매우 기쁘지만 한국 사회의 서글픈 자화상을 보여 주는 것 같아 마음이 무겁다. 제주 4·3사건은 2003년 국무총리 직속기구로 설치된 '제주 4·3사건 진상규명 및 희생자 명예회복 위원회'에서 국가폭력에 의해 수많은 민간인이 학살된 사건이라고 이미 정의했다. 그리고 노무현 전 대통령이 제주도민에게 공식 사죄를 하기도 했다. 제대로 된 사회라면 국가폭력을 기억할 수 있는 후속 조치들이 뒤따라야 한다. 예컨대, 전국의 주요 도시에 국가 폭력을 기억할 수 있는 기념관이나 추모관을 만들어 '제주 4·3'과 같은 국가폭력의 희생자가 다시는 나오지 않도록 하는 것이 국가의 역할일 것이다. 그러나 이런 노력은 거의 없었다. 영화 '지슬'은 국가폭력의 희생자를 기억하기 위해 뜻을 가진 개인의 노력을 보여 줄 뿐이며, 이는 역설적으로 국가의 노력이 거의 없음을 보여 준다. 이 책 역시 이러한 문제의식에서 출발했다고 할 수 있다. 또 이런 문제를 다함께 생각해 보기 위해.

졸고가 나오기까지 많은 분들의 도움을 받았다. 먼저 글의 가치를 알아봐 주시고 빛을 보게 해 주신 한국방송통신대학교 문화교양학과 송찬섭 교수님께 감사의 마음을 전한다. 그리고 이 글을 송찬섭 교수님께 소개한 '노동자역사 한내'에서 근무하는 류경순 님께도 감사의 말을 전한다. 또한 계원예술대학교 교양교육과정의 서동진 교수에게도 감사드린다. 그는 대학 선배라는 개인적인 친분으로 초고를 읽고 글의 방향을 제시해 주어 이 글이 세상에 나오는 데 큰 도움이 되었다.

무엇보다 이 글이 나오는 데에는 사랑하는 가족들의 힘이 컸다. 아내 홍정이는 초고가 나온 후 출판사를 찾지 못하고 어려워할 때 포기하지 않도록 격려해 주었다. 또 초고를 읽고 글의 단점을 구체적으로 지적해 그나마 읽을 수 있는 글이 되는 데도 큰 도움을 주었다. 다시 한 번 아내에게 감사와 사랑의 마음을 전한다. 그리고 사랑하는 아들과 딸에게도 사랑과 감사의 마음을 전한다. 아들 정현과 딸 지현은 책을 쓰는 동안 아빠가 하는 일을 적극적으로 지지하는 모습을 보여 주었다. 이런 두 아이의 모습은 내가 힘과 용기를 내어서 글을 계속 쓰는 데 결정적인 도움이 되었다. 지금처럼 씩씩하게 성장했으면 하는 바람과 더불어 고마움을 전한다.

마지막으로 이 글을 3년 전에 돌아가신 아버님의 영전에 바치고자 한다. 비록 초등학교밖에 나오지 않으셨으나 누구보다 지적 열망이 강하신 분이기에 살아계셨으면 누구보다 기뻐하고 자랑스러워 하셨을 게다. 또한 이 글을 빨갱이라는 이름으로 국가폭력의 희생자가 되신 모든 분들에게 바치고자 한다. 다시는 그런 비극이 없기를 간절히 바란다.

2013년 3월

노기원

차례

나는 '역사교사'다

역사교사로서 지낸 지 몇 년의 세월이 흘렀다. 수업을 하면서 늘 마음 한구석에 "나는 왜 역사를 가르치는가?"라는 물음이 떠나지 않았다. 학생들은 역사수업을 그리 좋아하지 않는다. 언젠가 수업 첫 시간에 역사를 좋아하는 학생이 얼마나 되는지 확인해 보니 한 반에 한두 명 정도였다. 싫어하는 학생은 절반이 넘었다. 학생들은 역사책에 나오는 용어가 실생활에 잘 쓰이지 않는데다가 외울 것이 유달리 많은 과목이라서 싫어한다고 했다. 이런 현실에서 역사수업을 한다는 게 상당히 어려웠다. "나는 도대체 역사를 왜 가르치는가?"라는 회의감마저 들었다.

왜 역사를 가르치는가라는 물음 이전에 "역사가 도대체 무엇인가?"란 물음에도 뚜렷하게 대답할 자신이 없다. 역사를 가르치는 이유를 찾기 전에 우선 역사가 무엇인지에 대한 해답을 찾아야 할 것 같았다. 역사란 도대체 무엇이기에 학교에서 가르치고 배울까? 과연 가르치고 배울 만한 가치가 있을까? 이런 물음에 나름의 답을 구하지 못하면 역사를 가르치고 있는 나 자신을 설득할 수 없겠다고 생각했다.

우선 국사 교과서(이하 교과서)에 나온 역사에 대한 정의를 살펴보았다. 교과서에선 역사를 '과거에 있었던 사실'과 '조사되어 기록된 과거'라 정의했다. 또 전자를 '사실로서의 역사history of past' 즉 '객관적 역사', 후자를 '기록으로서의 역사history as historiography', '주관적 역사'라 정의했다. 객관적 역사는 '시간적으로 현재에 이르기까지 일어난 모든 과거 사건'을 말하며, 이는 '역사가 바닷가의 모래알같이 수많은 과거 사건들의 집합체'라는 의미라고 부연 설명했다. 주관적 역사는 "과거의 사실을 토대로 역사가가 이를 조사하고 연구해 주관적으로 재구성한 것이다"라고 설명했다. 여기에는 "역사가의 가치관과 같은 주관이 필연적으로 개입하게 되며 이 경우 역사라는 말은 기록된 자료 또는 역사서와 같은 의미를 가진다"고 덧붙였다.

교과서에서 설명한 역사 정의를 보면서 쉽게 이해할 수 없었다. 역사에 '객관적 역사'와 '주관적 역사'가 있다는 사실은 역사학계에서는 상당히 상식적인 이야기다. 그러나 구체적으로 무엇을 의미하는지 상당히 모호하다. '객관적 역사'가 교과서의 정의처럼 '시간적으로 현재에 이르기까지 일어난 모든 과거 사건'이라고 한다면 "과거에 일어난 사건들의 총체"를 의미할 것이다. 그런데 과거에 일어난 모든 사건 중에서 인간이 알 수 없는 사건이 알 수 있는 사건보다 훨씬 많다. 인간은 과거에 일어난 모든 사건을 알 수 없다. 바로 어제 일어난 일도 모두 알 수 없는 존재가 인간인데, 과거에 일어난 모든 사건을 안다는 것은 도저히 불가능하다. 그런데 과거에 일어난 사건 중에서 인간이 알 수 없는 것을 역사라 할 수 있을까?

우리나라의 삼국시대를 한번 생각해 보자. 우리는 삼국시대에 일어난 사건들을 알고 있다. 천년도 더 이전 시대의 일에 대해서 알고 있다는 것 자체가 신기하고 놀랍다. 그런데 이런 신기하고 놀라운 일이 가능한 이유는 그 시대를 알려 주는 기록물이나 유물이 있기 때문이다. 삼국시대를 알려 주는 기록물로 가장 먼저 《삼국사기》와 《삼국유사》를 떠올릴 수 있다. 과거의 사실을 알려 주는 기록물이나 유물을 '사료史料'라 부른다.

삼국시대를 알려 주는 수많은 사료가 그 시대에 일어난 모든 사건을 보여 주지는 않는다. 사료는 그 시대에 일어난 사건 중 극히 일부만 보여 줄 뿐이다. 《삼국사기》와 《삼국유사》의 저자인 김부식과 일연이 삼국시대에 일어난 모든 일을 기록하지 않았을 뿐 아니라 사실상 불가능하기도 하다. 두 저자가 중요하다고 생각한 사건만을 기록하고 있을 따름이다. 이에 우리는 이들이 기록한 내용 정도만을 알 수 있다. 물론 이 저서 외에 삼국시대를 알려 주는 수많은 유물과 기록물이 있다. 그렇지만 사료가 아무리 많다고 하더라도 극히 일부의 사실만을 알려 줄 뿐이다. 그리고 지금 우리가 갖고 있는 사료 외에 새로운 사료가 앞으로 계속 발굴되어 새로운 사실을 알려 준다고 할지라도 이 사실에는 변화가 없다. 사료에 나오지 않는 무수히 많은, 모래알 같은 사실이 알 수 있는 사실보다 많고 이를 알 수 있는 방법은 영원히 없다. 그렇다면 알 수 없는 사실을 객관적 역사라 부르는 일이 도대체 무슨 의미가 있을까? 그것은 형체도 실체도 없으니 엄격히 말하면 그것은 역사라 할 수 없다.

이처럼 국사 교과서에 나온 역사에 대한 정의는 쉽게 이해할 수 없었다. 이에 내가 직접 역사란 무엇인지에 대한 해답을 찾을 필요성을 강하게 느꼈다. 학생들과 수업을 하면서 가져온 역사에 대한 생각을 정리하는 일부터 시작해야 했다. 역사가 무엇인지에 대한 해답을 찾는 과정에서 왜 역사를 가르치는지에 대한 해답도 찾을 수 있을 것이다. 이제 나는 역사교사로서 나 자신을 설득할 수 있는 길을 찾을 것이다. 그리고 역사를 배우는 학생들과 이 과정을 함께하고자 한다. 학생들도 이 글을 통해 역사가 무엇인지란 생각을 할 수 있는 기회를 가졌으면 한다. 이를 통해 학생들이 역사를 배우는 이유와 가치를 찾았으면 하는 것이 역사교사로서 나의 바람이다.

몇 해 전 역사 파동이라 부를 만큼 놀라운 사건이 발생했다. 2008년 이명박 정부가 출범하면서 '뉴라이트'라 불린 단체가 근현대사 교과서 여섯 종을 좌파 교과서라 명명했다. 특히 그중 '금성교과서'를 가장 '좌파'적인 교과서로 지목하면서 교육 현장에서 추방해야 한다고 주장하기까지 했다. 그런데 놀랍게도 정부는 이들의 주장을 수용해 금성교과서를 학교 현장에서 실제로 추방하려 했다. 교육인적자원부의 위탁을 받은 '한국교육과정평가원'의 검정심사를 통과한 교과서를 국가 기관이 나서서 학교 현장에서 추방하려 한 셈이다. 이 사건을 상식적으로 도저히 이해하기 힘들었다.

교과서 파동에서 진정 문제가 되는 것은 무엇일까? 정부가 금성교과서에 좌파라는 '이념'의 딱지를 붙인 것이 문제일까? 이념이란 정치적, 사회적 이상과 지향을 가진 인간의 생각이다. 인간인 이상

이념과 무관하게 존재할 수 없다. 이런 점에서 넓게 보면 교과서도 이념과 전혀 무관하다고 할 수 없다. 그렇다면 금성교과서를 위시한 한국근현대사 교과서들도 어느 정도 이념적 지향을 가진다는 사실을 부정할 수 없다. 이들 교과서에 '좌파'라는 이념적 딱지를 붙인 것도 그리 문제는 아니라고 할 수 있다.

이를 살펴보기 전에 현재 고등학교에 재학 중인 학생들은 근현 대사 교과서 파동에 대해서 어떻게 생각하는지 알아보았다.[1] 학생 들에게 "이명박 정부 초기에 보수 우익 단체는 한국근현대사 교과 서 여섯 종, 특히 금성교과서는 좌편향이 심하기 때문에 교육현장에 서 퇴출해야 한다고 주장했다. 이에 이명박 정부는 각 학교에 공문을 보내 금성교과서를 다른 교과서로 바꿀 것을 요구했다. 이런 정부의 행위를 어떻게 생각하는가?"라고 물었다. 그리고 "① 한국 사회에서 좌편향은 한국 전쟁과 같은 역사적 이유로 인해 인정할 수 없는 것으 로 이는 대한민국의 정체성을 바로 잡는 정당한 조처다. ② 공적 조 직인 정부는 사회 일각의 편향된 시각을 바로 잡을 의무가 있기 때문 에 불가피한 조처다. ③ 공적 조직인 정부가 다양한 시각을 부정하는 편협한 조처다. ④ 다양한 생각을 가진 사회 집단의 공존을 추구하는 공화주의 정신을 부정하는 행위다. ⑤ 모르겠다. ⑥ 기타" 가운데서 답하게 했다. 질문에 답한 학생 서른두 명 중 ①을 답한 학생은 없고, ②는 한 명, ③은 열 명, ④는 네 명, ⑤를 답한 학생이 제일 많은 열여 섯 명, ⑥은 한 명이었다. "모르겠다"고 답한 학생이 전체 학생 수의 절반에 가까운 열여섯 명이다.

답변 결과가 입시 위주의 교육과 치열한 입시 경쟁 속에 살아가는 한국 학생의 현주소를 보여 주는 것 같아 씁쓸하다. 그렇지만 치열한 입시 경쟁 속에서도 자신의 생각을 분명히 드러낸 학생이 절반이나 된다는 사실은 아직 희망이 있다는 증거일지 모른다. 그런데 자기 생각을 드러낸 학생 중 정부의 행위를 긍정한 학생 한 명을 제외한 절대 다수가 정부의 행동을 부정적으로 생각했다. 정부의 행위를 부정적으로 생각하는 학생 중 네 명은 심지어 정부의 행위를 공화주의 정신을 부정한다고 답했다.

"대한민국은 민주공화국이다"라는 사실은 대한민국을 살아가는 사람이라면 누구나 인정할 것이다. 민주공화국은 '민주'와 공화정을 뜻하는 '공화국'을 합친 말이다. 여기에서 '민주'는 민주주의를 뜻한다. 민주주의는 민民이 국가의 주인이라는 뜻이다. 이때 민民은 왕조시대의 '백성'과는 다르다. 왕조시대의 민民은 통치의 대상으로서 통치자에게 오직 충성을 강요당한 존재다. 이에 비해 근대사회의 민民은 통치 대상이 아니라 통치의 주체다. 2008년 촛불집회에서 구호처럼 터져 나온 "대한민국의 모든 권력은 국민으로부터 나온다"는 헌법 1조는 이를 법으로 표현한 말이다. 선거 때만 되면 선거관리위원회는 '소중한 주권 행사'를 강조한다. 소중한 주권 행사란 투표를 말한다. 투표를 통해서 우리는 대통령도 뽑고 국회의원도 뽑는다. 대통령은 그 자체로 국가주권 기관으로 행정부의 수반이며 행정부를 구성한다. 물론 국회의원도 대의권력인 국회를 구성하는 주권 기관이다. 우리는 선거를 통해서 국가권력을 구성하는 권력 주체고, 그렇기 때문에 주권이 민民에게 있음을 주장할 수 있다. 이것이 바로 민주주의에 대한 상식적인 이해다.

그렇다면 민주와 결합되어 있는 공화정과 이 공화정을 구성하는 이념인 공화주의란 뭘까? 공화정을 흔히 왕정과 대비되는 정치체제로 본다. 공화정은 왕과 같은 개인에게 권력을 집중시키지 않고 여러 기구를 통해 권력을 분산시켜 서로 견제와 균형을 이룰 수 있는 권력 형태를 가진다는 특징이 있다. 그러므로 대한민국도 왕이 없는 대신 국민에 의해 구성되는 행정부와 입법부 그리고 사법부로 권력이 분산되어 있고, 서로 견제와 균형을 유지하는 권력구조를 가진다. 대한민국을 민주공화정이라 하는 이유다.

공화정이 단순히 왕정과 대비되는 정치체제만을 뜻하지는 않는다. 공화정에서 공화共和는 글자 그대로 "함께 하면서 화합한다"는 뜻이다. 공화정을 영어로 하면 'Republic'인데, 이는 '공공적'을 뜻하는 Public에 '거듭' 또는 '다시'라는 의미인 Re가 붙어서 이뤄진 말이다. 공화정은 "다시 한 번 공공적인"이라는 뜻이라고 할 수 있다. 그렇다면 공화정은 사적인 이해가 아니라 공적인 이해를 실현하는 정치체제며, 이를 통해 사회구성원들이 서로 화합할 수 있는 사회를 이룩하는 것을 의미한다. 이런 사회를 구현하는 것이 바로 공화주의 정신이다. 문제는 사회가 다양한 이해관계와 생각이 다른 집단들로 구성된다는 점이다. 그렇다면 서로 다른 생각과 이해관계를 가진 사회 집단이 어떻게 공존하고 화합할 수 있는가라는 문제를 제기할 수 있다.

사회엔 부자와 가난한 사람이 섞여 살아간다. 당연히 이들의 이해관계는 다르고 서로 대립하고 갈등한다. 서로 갈등하고 대립하는 집단이 서로 공존하려면 무엇이 필요할까?

예를 들어, 우리는 유럽의 복지시스템을 부러워한다. 그리고 그들의 사회적 기본권인 '노동권' 보장을 꿈같은 일로 생각하기도 한다. 유럽 국가들은 왜 노동권을 보장하고 복지사회를 유지할까? 유럽식 복지를 흔히 '보편복지'라 부른다. 보편복지는 사회 일부 계층에게 시혜적인 복지혜택을 주는 것이 아니라 사회구성원 전체의 인간다운 삶을 보장하는 복지시스템이다. 보편복지는 소득이 많은 부자들에게 세금을 더 많이 걷어서 이를 사회 모든 구성원이 인간답게 살아갈 수 있는 시스템을 구축하는 데 사용함으로써 실현된다. 부자들의 양보를 통해 가난한 사람들도 함께 살아갈 수 있도록 하는 셈이다. 이것이 바로 유럽식 사회적 타협 모델인데, 이를 통해서 이해관계가 다른 집단이 서로 융합하고 공존할 수 있다.

생각의 차이를 가진 집단이 어떻게 공존할 수 있을까? 유럽을 다시 보자. 유럽에는 '공산당'이 버젓이 합법적으로 정치 활동을 한다. 공산당은 '자본주의체제'를 부정하고 '공산주의 사회'를 실현하려는 사람들로 구성된다. 이런 사람들이 어떻게 합법적으로 정치활동을 할 수 있는지 우리 상식으로는 도무지 이해할 수 없다. 우리 상식으로 이들은 '빨갱이'고, 당연히 사회에서 추방해야 하는 존재다. 그런데 유럽에서는 이들에게 왜 합법적인 활동을 보장할까? 인간이라면 누구나 누려야 하는 '사상의 자유' 때문이다. 사상의 자유를 보장하기 위해서는 생각이 다른 집단이 서로 인정하고 공존할 수 있어야 한다. "너는 나와 생각이 다르지만, 너는 나와 다른 생각을 마음껏 이야기할 수 있는 권리를 가진다는 생각"이야말로 상대방에 대한 관용이며, 사회가 서로 화합하고 융합할 수 있는 조건이다. 이것이 바로 공화주의의 정수다.

공화주의 정신에 입각해 역사교과서 파동을 보자. 금성교과서는 국가의 검인증을 받은 교과서다. 금성교과서가 교과서로서 자질을 갖췄다고 국가가 공인했음을 의미한다. 이때 교과서로서의 자질은 그 교과서의 이념적 성향과는 상관이 없다. 역사교과서는 역사학계의 연구 성과를 정리해 교재 형태로 서술한 책이다. 교과서 집필자의 생각에 따라 역사학계 연구 성과를 반영하는 방식에서 차이가 있고, 이에 따라 동일한 시대를 기술하는 방식이 서로 다르게 나타날 수도 있다. 이것이 교과서의 이념적 성향이라면 성향일 수 있다. 그러나 이는 모든 교과서의 공통점이고, 특정 교과서만 갖는 특징이 아니다. 크게 보면, 이 세상에 존재하는 거의 모든 교과서는 가치중립적이지 않으며 이념과 무관하지 않다. 이에 국가는 특정 교과서를 검인증할 때 이런 이념적 지향을 보고 판단하지 않는다. 오직 수업의 주교재로서 적절한지에 대해서만 판단한다.

물론 역사교과서가 역사적 사실을 왜곡하거나 잘못 기술한 부분은 없는지 평가해야 하고, 또한 이를 주요한 평가 요소로 삼아야 한다. 그러나 이런 문제에 대한 평가는 그 교과서의 이념적 지향과는 다르다. 예컨대, 박정희 시대를 부정적으로 생각하는 사람이 교과서 집필에 참여했다고 가정해 보자. 뉴라이트는 이 필자를 좌파라 부를 것이다. 이때, 이 필자가 박정희 시대에 이루어진 경제적 성장에 대해 거의 언급하지 않거나 경제적 성장이 보잘 것 없다고 서술했다고 하자. 그렇다면 그 교과서는 박정희 시대를 왜곡해 서술했기 때문에 교과서로서 자격이 없다고 판단한다면 이는 정당하다. 그러나 이 필자가 박정희 시대의 경제적 성장에 대한 기술과 더불어 그 성장의 그늘과 문제점을 지적했다고 하자. 그렇다면, 교과서로서 자격을 유지하는 데 아무런 문제가 되지 않는다. 사실 뉴라이트가 문제를 삼은 금성교과서는 박정희 시대에 이루어진 높은 경제성장 자체를 부정하지 않는다. 금성교과서는 이를 '한강변의 기적'으로 표현하고 있다. 그렇지만 금성교과서는 그 성장이 가진 그늘과 한계 그리고 재벌 경제체제의 문제점을 지적하는 것도 잊지 않았다. 박정희 정권의 경제개발에 대한 일방적 미화가 아니라 박정희식 경제성장 모델에 대한 비판적 사유를 할 수 있는 여지를 제공한 셈이다. 박정희를 신봉하는 뉴라이트 입장에서는 이런 금성교과서의 서술 방식이 매우 마음에 들지 않겠지만, 교과서가 갖춰야 할 자격을 상실한 것은 아니다. 만약 뉴라이트가 금성교과서의 이런 서술 방식을 문제 삼아 좌편향이라는 꼬리표를 붙여 추방하려 했다면, 이는 매우 심각한 문제라 할 수 있다. 나아가 이런 뉴라이트의 주장을 정부가 수용하고 금성교과서를 추방하려 했다면, 이는 공화주의 정신에 대한 심각한 도전이라 할 수 있다.

한편으로 금성교과서 파동은 역사가 가진 중요성을 드러냈다는 점에서 의미심장한 사건으로 볼 수 있다. 혹자는 역사를 "과거에 대한 기억"이라 하기도 한다. 우리가 역사책을 읽거나 교과서를 통해 역사를 공부하면, 그 결과로 과거에 대한 기억을 가지게 된다. 역사책은 바로 과거에 대한 기억의 저장고이자, 이를 사람들에게 전달해 기억을 형성하는 역할을 한다. 그런데 금성교과서 파동은 과거의 기억을 전달해 형성하는 과정에서 갈등이 발생할 수 있음을 보여 주었다. 뉴라이트는 금성교과서를 좌편향이라 규정했다. 달리 말하면 이들이 학생들이 좌편향적인 기억을 형성하는 데 두려움을 가진다고 볼 수 있다. 물론 이런 두려움은 과거에 대한 기억 방식이 현재의 삶과 사회에 영향을 미치기 때문이리라. 뉴라이트는 자신들이 꿈꾸는 사회에 대한 방해꾼으로 좌편향 교과서를 생각했는지도 모르겠다. 이에 이런 교과서들을 학교 현장에서 추방해야 하고, 자신들이 생각하는 과거에 대한 기억을 학생들에게 주입하고자 '대안교과서'라는 교과서를 자체 제작했다.

뉴라이트의 이런 행위는 과거에 대한 기억 형성을 둘러싼 사회적 투쟁이 발생한다는 사실을 보여 준다. 이는 역사를 이해하는 데 없어서는 안 될 요소다. 이 글에서는 과거에 대한 기억을 둘러싼 사회적 갈등과 투쟁을 고찰해 보고자 한다.

역사는 단지 과거의 화석화된 기억이 아니라 바로 오늘을 살고 있는 우리에게 부단히 영향을 미친다. 과거에 대한 다른 기억을 가진 집단 사이에 기억을 둘러싼 사회적 투쟁은 끊임없이 발생한다. 이 점을 학생들이 깨닫고 역사를 현재적 관점에서 바라볼 수 있는 감각을 익혔으면 하는 것이 나의 바람이다.

역사가,
역사를 창조하다

1장

시간과 역사

"역사란 무엇인가?"라는 질문에 답하기 위해선 우리 삶을 먼저 돌아볼 필요가 있다. 인문학의 한 분야인 역사학은 인간의 삶을 이해하기 위해 존재한다고 해도 과언이 아니다. 역사의 의미를 찾기 위해서 우선 인간의 삶을 생각해 볼 필요가 있다. 인간의 삶을 생각할 때, 인간이라면 누구나 한번은 겪게 되는 일이 있다. 모든 인간은 태어나서 언젠가 반드시 죽는다는 사실이다. 이 불멸의 사실은 한 개인에게 너무나 중요한 역사다. 인간의 삶이란 시간을 떠나서는 생각할 수 없다.

인간의 삶에서 시간이란 어떤 의미일까? 단지 어느 날 태어나서 언젠가 죽는다는 의미뿐일까? 인간은 시간 속에서 살아간다. 어제가 있으면 오늘이 있고, 오늘이 있으면 내일이 있다. 오늘의 나는 어제의 나와 다르기도 하지만, 어제의 나와 무관할 수 없다. 그리고 내일의 나는 오늘의 나로부터 크게 영향을 받는다. 인간의 삶에서 시간의 제약성은 바로 오늘의 삶이 어제의 삶에 영향을 받고 그 시간으로부터 벗어날 수 없다는 데 있다. 시험을 앞둔 학생이 공부를 열심히 하지 않으면 시험 당일 후회하거나 당황하게 될 테고, 성적표를 받게 될 미래를 불안해 할 것이다. 오늘의 삶은 과거에 어떻게 살아왔는지에 따라 영향을 받는다. 이런 이유로 사람들은 과거를 아무런 의미가 없다고 생각하지 않는다. 과거는 오늘의 삶을 이해할 수 있는 통로이기 때문에 인간은 흘러간 시간에 지대한 관심을 가지고 탐구한다. 이것이 바로 역사와 역사학이 존재하는 이유다.

인간의 삶은 시간 속에서만 존재한다. 해가 떠서 지면 하루가 지나간다. 하루가 약 30일 모여 한 달을 이루고, 한 달이 열두 번 지나면 1년이 된다. 1년은 봄, 여름, 가을, 겨울로 이루어진다. 사람들은 계절의 변화 속에서 시간의 흐름을 느낀다. 계절은 계속 반복해 순환하고 그 순환 속에서 사람은 나이를 먹으며 세월의 변화를 감지한다. 그리고 어느새 자신의 삶이 끝나 감을 느낀다. 시간은 계절처럼 순환하고 반복하기도 하지만 태어나서 죽는 인간의 삶처럼 단선적으로 변하기도 한다. 인간은 일생 이런 시간의 반복과 순환 그리고 그 속에서 변화를 느끼고 자각한다. 이것이 바로 인간이 가진 시간에 대한 느낌이고 이런 느낌은 인간이 가진 역사 감각과 연결되는 기본적인 토양일지도 모른다. 그렇다면 역사란 시간과의 관계 속에서 해명할 수 있다. 이는 역사에 대한 질문에 답한 학생들의 생각을 통해서도 확인할 수 있다.

학생들에게 "역사를 무엇이라 생각하는가?"라고 물었다. 이에 대한 학생들의 대답은 어느 정도 예상했다. 역사를 과거와 관련된 것으로 이해하는 답이다. 학생들의 대답은 이런 예상과는 크게 빗나가지 않았다. 그러나 학생들은 역사를 단지 과거와 관련된 것으로만 생각하지 않았다. 학생들의 대답은 크게 세 종류로 분류할 수 있다.

먼저 역사를 과거에 일어난 일(사건)이나 과거에서 지금까지의 사건들로 보는 것이다. 이런 대답을 한 학생이 열일곱 명이었는데, 이중 네 명은 과거의 단순한 사건이 아니라 "순환되는 사건"이라든지 "인류 발전에 기여하거나 후손에게 도움이 되는 사건"이라 대답해 단순히 과거의 사건이 아니라 현재의 삶에 영향을 주는 과거의 사건으로 이해했다. 다음으로 과거를 기록한 문헌이나 기록으로 역사를 보는 것이다. 이런 대답을 한 학생은 여덟 명이었는데, 역사를 과거를 보여 주는 '사료'로 보고 있다는 점에서 과거의 의미를 구체적으로 이해하고 있다고 할 수 있다. 마지막으로 역사를 단지 과거의 문제로만 보지 않고, 현재와 미래를 이어 주는 것으로 답한 학생들이다. 여덟 명 정도가 이렇게 대답했는데, 시간에 대한 탁월한 감각을 가진 학생들이라고 할 수 있다. 이 학생들은 어제의 일이 오늘과 무관할 수 없듯 과거는 현재와 무관할 수 없다는 생각을 한다. 또 역사가 현재에 교훈을 주고, 미래를 밝힌다고 이해하고 있다. 특히 한 학생은 이를 자기 논리로 분명히 주장했다. "역사는 현 인류의 고향이고, 그 인류의 지금이며 그들이 이뤄 갈 미래라 생각한다. 인간은 자신들 발자국을 통해 앞으로 내딛는 방향의 힌트를 얻고, 앞으로의 행보가 눈부시길 바라며, 더 선명하고 분명한 발자국을 남기려고 한다. 이것이 역사가 아닐까."

이 학생은 '현 인류의 고향'이라는 말을 이용해 현 인류가 과거라는 역사를 통해 형성되었다는 점을 인식하고 있다. 또한 과거의 발자취를 통해서 인류의 미래가 나아갈 방향을 알 수 있다고 언급함으로써 역사를 단지 과거의 죽은 사실이 아니라 현재와 미래로 통하는 살아 있는 것으로 이해하고 있다.

이상에서 살펴보았듯, 학생들은 역사를 과거와 관련된 것으로 이해하면서도 현재와 무관한 옛이야기 정도로만 생각하지는 않았다. 역사는 분명 과거에 속하긴 하지만 현재에 영향을 미치거나 현재를 만드는 원동력이고, 미래를 밝혀 줄 수 있는 등불과 같다고 이해했다. 학생들이 이해하듯이 역사는 화석화된 과거의 사실로 죽은 상태가 아니다. 현재와 호흡하고 현재에 끊임없이 무언가 말하는 것이다. 그래서 이탈리아의 유명한 철학자이자 역사학자인 크로체Benedetto Croce는 "모든 역사는 현재의 역사다"라는 유명한 말을 남겼다. 역사는 과거의 죽은 것이 아니라 현재와 호흡하는 것이다.

현재와 과거의 끊임없는 대화

역사를 현재와 호흡하는 과거로 볼 때, 이를 가장 멋지게 정의한 영국의 역사학자가 있다. 바로 카E.H. Carr(이하 카)인데, 그는 역사를 '현재와 과거의 끊임없는 대화'라고 정의했다. 그는 도대체 역사를 왜 이렇게 정의했을까? 역사를 '현재와 과거의 끊임없는 대화'라고 정의할 때 과거와 현재는 구체적으로 무엇을 의미할까? 과거와 현재가 무엇을 의미하기에 서로 대화를 나눌 수 있을까? 이를 살펴보기 전에 카의 역사 정의에 대해서 학생들은 어떻게 생각하는지 알아보았다.

"영국의 역사학자 카에 대해서 들어 본 적이 있는가? 그는 역사를 '과거와 현재의 끊임없는 대화'라고 정의했는데, 그렇다면 역사에서 '과거'는 무엇에 해당하고, '현재'는 무엇에 해당한다고 생각하는가?" 역사에 관심 있는 사람들은 카에 대해서 한두 번은 들어본 적이 있을 것이다. 그러나 학생 중에는 소수만이 카를 알고 있었다. 카를 들어 본 적이 없는 학생이 무려 스물네 명이었고, 들어 본 학생은 다섯 명에 그쳤으며, 네 명은 대답을 하지 않았지만 아마 들어 본 적이 없을 것이다.

학생들이 카를 알고 있는지는 그리 중요하지 않다. 물론 이 사실이 현재 고등학생들의 교양 수준을 보여 줄 수도 있지만, 입시교육에 신음하는 학생들이 카를 모른다고 해서 그리 문제될 일은 없다. 오히려 카의 역사 정의에 대해서 학생들이 어떻게 생각하는지가 중요하다. 카의 역사 정의에서 과거가 구체적으로 무엇을 의미하는지에 관한 질문에 열여섯 명이 '지나간 일'이라고 답했다. 물론 현재에 대한 같은 물음에도 열다섯 명이 '지금 겪고 있는 일'이라고 대답했다. 그리고 대답하지 않은 학생이 '과거'는 일곱 명, '현재'는 여덟 명이었다. "모르겠다"고 솔직하게 대답한 학생도 있었다. 그러나 학생들의 대답 중에서는 주목할 만한 대답도 있었다. 예컨대 과거를 "인류의 발자취를 현재의 관점에서 보는 것"이라는 대답이다. 과거를 단순히 '지나간 일'이 아니라 현재의 관점에서 볼 때 중요하다는 사실을 분명히 인식하고 있는 대답이다. 그러나 과거가 구체적으로 무엇을 의미하는지에 관한 대답으로는 부족하다.

현재가 구체적으로 무엇을 의미하는지에 대한 대답 중에서 현재를 '역사가'라고 한 학생이 있었다. 이 학생이 왜 '역사가'를 현재로 보는지 그 이유는 알 수 없으나, 현재를 이해하는 놀라운 직관력을 보여 준다. 카가 역사를 '과거와 현재의 끊임없는 대화'라 정의할 때, 현재는 바로 역사가를 의미한다고 할 수 있다. 지나간 과거를 알기 위해서는 누군가 이를 복원해야 한다. 그렇지 않다면 과거에 어떤 일이 있었는지 알 수 없다. 물론 옛일이 구전을 통해서 끊임없이 전승되기도 한다. 그러나 이는 과거에 대한 기억을 되살리는 데 불과하다. 그리고 현대사회에서 과거 일에 대한 구전을 통한 전승은 전통사회에 비해 그 중요성이 줄었다. 현대사회에서 과거를 복원하는 일은 이를 수행하는 전문적인 집단에 많이 의존한다. 이들이 바로 역사가다.

역사가들은 과연 무엇을 통해서 과거를 복원할 수 있을까? 역사가들은 과거에 어떤 일이 일어났는지 어떻게 알 수 있을까? 역사가들이 과거로 들어갈 수 있는 통로는 오직 '사료'뿐이다. 사료는 기록물로 존재하기도 하고 유물, 유적으로 존재하기도 한다. 사료는 과거에 어떤 일이 일어났는지 보여 주는 유일한 증거이므로 사료를 통하지 않고서는 어떤 역사가라도 과거에 도달하지 못한다. 이미 지나간 과거로 직접 갈 수 있는 방법은 없기 때문이다. 타임머신이 생겨 과거로 갈 수 있으면 좋겠지만 이는 상상 속에서나 가능하다. 역사가들은 사료라는 간접적인 수단으로만 과거에 도달할 수 있다. 이에 역사가들은 과거를 더 풍부하게 알기 위해 사료 발굴에 많은 시간을 할애한다. 사료를 많이 확보하는 일은 과거에 이르는 통로를 많이 갖는다는 뜻이다. 이런 점에서 사료가 과거 자체라 해도 그리 틀린 말은 아니다. 과거는 사료를 통해서만 자신을 드러내기 때문이다. 그렇다면 카의 정의에서 과거가 바로 '사료'임을 알 수 있다. 사료는 과거로 들어갈 수 있는 통로이며, 과거 그 자체라 할 수 있다. 이에 '현재와 과거의 끊임없는 대화'는 '역사가와 사료와의 끊임없는 대화'로 해석할 수 있다. 역사가는 사료와 대화를 통해서 과거를 복원하고, 이를 사람들에게 전달함으로써 역사를 만들어 낸다.

'현재와 과거의 끊임없는 대화'로 역사를 정의할 때, 현재와 과거 중 대화를 시도하고 이끌어 나가는 주체는 누구일까? 현재와 과거 중 대화를 나누고 싶어 하는 욕망을 가진 것은 현재일까, 과거일까? 혹자는 이런 질문이 매우 어리석고 우스꽝스럽다고 생각할 수도 있다. 욕망을 가진 존재는 인간과 같은 존재인데, 현재와 과거라는 시간 개념을 욕망을 가진 존재로 본다는 것은 아무래도 말이 되지 않으니까 말이다.

앞에서 현재는 역사가이고 과거는 사료라 했다. 역사가는 욕망을 가진 인간이다. 물론 사료도 욕망을 가진 인간이 남긴다. 이런 점에서 현재와 과거의 대화를 욕망을 가진 주체들의 대화라고 이해할 수 있다. 그렇다면 "상호 대화하는 주체 중 대화를 이끌고 싶은 존재는 누굴까?"라는 물음은 매우 중요하다. 대화를 주도하는 주체의 욕망이야말로 대화의 주제와 성격을 밝힐 수 있는 핵심 요소기 때문이다.

곰곰이 생각해 보면, 사료는 예전 사람들의 욕망을 담고 있을 뿐이다. 이는 사료만으로는 현재의 삶에 대해 아무런 이야기도 할 수 없음을 의미한다. 사료는 그 자체로는 죽어 있는 욕망일 뿐이다. 사료는 사료일 뿐, 생명력이 없다. 그렇다면 먼저 대화를 건네고 대화를 주도하는 것은 결국 현재를 살아가는 역사가다. 사료는 역사가가 이름을 불러 주기 전에는 아무런 생명력을 가질 수 없다. 사료에게 이름을 불러 주는 주체가 바로 역사가이며 역사가는 사료를 죽어 있는 세계에서 살아 있는 세계로 인도하는 생명력의 원천이라 할 수 있다.

역사가의 사회의지가 역사를 구성한다

역사에서 역사가의 의미를 잘 이해하기 위해 역사를 '집'에 비유해 생각해 보자. 인간이 주거하는 공간인 집은 다양하다. 예전에는 많은 사람이 초가집이나 기와집에 살았다. 지금은 초가집이 거의 사라졌지만 몇몇 기와집은 전통가옥으로 남아 있고, 산업화 때문에 도시로 인구가 집중되면서 좁은 공간에 많은 사람을 수용할 수 있는 아파트라는 거대한 구조물에 많은 사람이 한꺼번에 살고 있다. 한편으로 도시의 아파트 생활에 질린 사람들 가운데 교외에 전원주택을 짓는 사람도 늘고 있다. 아무래도 자연과 함께 생활하고 싶은 인간의 본능일지 모른다.

집은 어떻게 만들어질까? 우선 집을 지으려면 재료가 필요하다. 건축 자재가 바로 재료다. 가령 초가집이라면 돌, 나무, 흙, 짚 등일 테고, 아파트라면 모래, 자갈, 철근, 시멘트 그리고 내부를 장식할 각종 내장재가 필요할 것이다. 그런데 집을 짓는 데 필요한 자재들이 집 그 자체일까? 그럼 건축 자재가 집이 되기 위해서는 무엇이 필요할까? 답은 바로 건축 자재를 이용해 집을 짓는 사람이다. 또 사람이 집을 짓기 위해선 집에 대한 설계가 필요하다. 건축 자재는 설계에 따라 배치되고 조립되며 체계를 갖추어 간다. 건축 자재는 역사에서 사료에 해당하고 건축을 설계하는 건축가는 바로 역사가다. 역사라는 집은 건축가인 역사가와 건축 자재인 사료가 만나서 역사가가 설계한 대로 사료를 조합하고 배치해서 만들어진다.

그런데 사람이 사는 집은 똑같지 않다. 그야말로 다양한 형태의 집이 존재한다. 물론 대량생산과 대량소비 사회에서 집은 천편일률적이긴 하다. 특히 아파트는 무미건조하고 기괴스러운 상품처럼 보인다. 그러나 이런 아파트처럼 기괴하기 짝이 없는 건축물을 반성하고 새로운 형태의 주거 문화를 창출하려는 움직임도 나타나고 있다. 성냥갑 같은 아파트에서 탈피해 보다 재밌고 건축미를 갖춘 아파트들이 생겨나기도 한다. 더 나아가 사람들 중에는 마치 새장과 같은 아파트라는 거대한 구조물에 유폐되는 삶을 거부하기도 한다. 그런 이유로 자연 친화적인 주택을 선호하면서 대안적인 주거 문화를 만들려고 시도하기도 한다.

이처럼 사람들이 집을 어떻게 생각하느냐에 따라 다양한 집 형태가 나타날 수 있다. 무미건조한 아파트를 극복하기 위한 생각은 새로운 형태의 아파트나 주거 공간을 만들어 낸다. 물론 이런 새로운 형태의 아파트나 주거 공간도 건축가의 설계에 따라 구체화된다. 가령 실용성을 강조하는 건축가와 건물 외관의 아름다움과 더불어 주변 환경과 조화를 강조하는 건축가가 있다고 가정해 보자. 그들이 각자 집을 짓는다고 했을 때, 두 집은 완전히 다른 모습으로 완성될 것이다.

역사라는 집을 설계하는 역사가의 생각이 역사에는 어떻게 나타나는지 알아보자. 건축 자재에 해당하는 사료는 그냥 '사료'일 뿐이다. 역사가는 이 사료에 생명력을 불어넣어 역사물로 탄생시키고 만든다. 그런데 역사가는 현재 속에서 살아가는 사회적 존재로서 특정한 사회의식을 갖고 있다. 건축가의 건축에 대한 생각이 건축 설계로 구체화되듯 역사가의 사회의식은 역사 연구 방법론으로 구체화된다. 역사가는 특정 역사 연구 방법론을 통해서 역사를 연구하고 특정한 역사를 탄생시킨다. 그리고 이렇게 태어난 역사는 대중들에게 전달되어 대중들의 특정 역사의식을 만들어 낸다. 물론 대중들이 형성하고 있는 역사의식은 사회가 나아가야 할 방향과 밀접히 연관된다.

결국 역사는 단순한 과거의 이야기가 아니라 현재를 살아가는 특정한 사회의식을 가진 역사가를 통해 탄생한 과거의 이야기다. 그러므로 과거의 이야기가 대중들에게 전달되어 역사의식을 형성한다. 그리고 대중들이 형성한 역사의식은 특정한 사회를 지향하는 원동력이 되기도 한다. 이런 점에서 역사가의 역사 연구에는 사회를 특정한 방향으로 이끌어 가려는 '사회의지'가 내재되어 있다고 할 수 있다. 역사는 결국 역사가가 가진 사회의식과 그 속에 내재된 사회의지에 의해서 구성된다.

조선 왕조의 멸망 원인이 우리 민족의 파쟁 의식과 분열주의에 있다는 주장이다. 조선 왕조의 정치를 당쟁이라고 규정하고 매도하기 시작한 것은 일본인들이었다. 시데하라는 그러한 주장을 펴는 데 앞장선 인물이다. 그는 《한국 정쟁지》(1907)에서 당쟁이라는 용어를 사용하면서 처음으로 그 개념을 규정하였다. 이 책에서는 조선시대의 정파를 "주의를 가지고 서로 대립하는 공당이 아니라, 이해를 가지고 서로 배제하는 사쟁이다"라고 주장하고 있다. 일제 시기에 이르러 일본 학자들에 의해 당파성론은 더욱 보강되고 널리 보급되었다. 이들은 조선시대의 정쟁을 역사 발전 과정상 나타나는 정치, 사회적 현상으로 이해하려고 하기보다는 조선인의 체질과 관련된 문제임을 강조하였다. 이러한 주장은 일제가 우리 민족의 분열을 획책하는 데 이용되었으며, 그 폐해는 오늘날까지도 매우 심하다. 아직까지도 우리 사회의 일각에서는 조선 왕조가 당쟁으로 망했다든가 우리 민족은 파쟁 의식이 심하다는 주장

을 당연하게 받아들이는 경우를 많이 볼 수 있다.[2]

　　'당파성론'이라 불리는 식민사관의 대강을 보여 주는 글이다. 식민사관은 일본이 조선에 대한 식민 지배를 정당화하기 위해 만든 역사관이다. 당파성론은 대표적인 식민사관이다. 당파성론은 추상적인 주장이 아니라 조선시대 당쟁을 구체적으로 연구해서 나온 결과물이다. 즉, 식민 지배 의지를 가진 일본인 역사학자들이 조선시대 당쟁의 역사를 통해서 조선인의 당파성을 역사적으로 증명하려 한 셈이다.

　　물론 이들의 당쟁 연구는 현재 많은 비판을 받고 있다. 사실 당쟁이라는 정치 현상은 세계 어느 나라 역사에서도 찾아보기 힘들 만큼 독특하다. 식민주의자들이 주장하듯 당쟁이 순전히 사적인 이해관계를 가진 집단이 결합해 서로 투쟁한 것이라면, 200년이 훨씬 넘는 시간 동안 존속할 수 없었을 것이다. 단순한 사적 이해관계는 언제든지 달라질 수 있고, 이합집산을 계속할 것이며, 붕당처럼 수백 년에 걸쳐 오랫동안 존속할 수 없다. 식민주의자들이 말하는 당쟁은 붕당정치로 이해해야 한다. 붕당정치는 성리학이라는 학문에 바탕을 둔 정치 현상인데, 학통을 같이 하는 집단이 하나의 붕당으로 결집해 학통이 다른 붕당과 정치투쟁을 전개하는 정치 형태다. 가령 조선 성리학의 정통 학맥을 율곡학파라고 했을 때, 이들은 서인-노론으로 연결된다. 이에 비해 이황을 따른 집단은 동인-남인으로 연결된다. 비순정학파라 분류되는 북인은 동인에서 갈라졌는데, 조식曺植과 서경덕徐敬德의 학풍을 계승하는 집단이다. 그리고 서인에서 갈라진 소론은 성혼成渾의 학문을 계승한다. 이들은 모두 성리학자지만, 우주와 인간의 심성을 이기론을 통해 설명하는 방식에서 차이가 나며, 이는 결국 정치적 견해 차이로 나타난다. 현종 때 벌어진 '예송논쟁禮訟論爭'은 이기론을 통한 우주와 인간의 심성을 설명하는 방식 차이가 예론의 차이로 나타나고, 이것이 정치적 논쟁으로 비화된 대표적인 사건이다. 물론 당시 예송논쟁은 단지 예와만 관련되진 않았고, 북벌론과 대동법으로 대변되는 사회 개혁 정치와 밀접히 연관되었다. 이처럼 당쟁은 단지 사적 이해관계를 가진 집단들의 단순한 이해관계를 둘러싼 이합집산이 아니라 정치를 둘러싼 다양한 성리학적 학통을 잇는 집단 간의 갈등과 대립을 보여 준다. 그러므로 성리학이라는 학문이 성숙하지 않고서는 발생할 수 없는 정치현상으로 이해해야 한다.

그런데 당파성론에선 이런 붕당정치를 부정하고 이를 사적인 이해를 위해 파당을 짓고 막무가내로 싸우는 '당쟁'으로 이해한다. 이들이 주장하는 당쟁 개념은 조선인의 파당성을 증명하려는 인종주의적 역사의지의 산물이라 할 수 있다. 이들은 당쟁이라는 사회정치적 현상을 조선인의 체질과 유전인자 속에 각인된 무언가로 본다. 이들에 따르면 조선인은 파당을 지어서 서로 싸우기를 좋아하는 체질을 지닌 채 태어난다. 물론 이런 파당성을 유전인자로 가진 조선인은 생래적으로 화합하거나 협동하지 못하고 서로 싸움으로써 몰락을 스스로 자초한 미개하고 열등한 민족이다. 이에 조선인이 일본인에게 식민 지배를 당하는 것은 자연스럽고 당연한 결과라는 주장이 이들이 진정 말하고 싶은 내용이다. 그래서 이들은 "조선인, 너희들이 스스로 단합하지 못하고 분열하여 서로 싸웠기 때문에 나라가 망했고, 또한 이런 파당적 체질로 인해 식민 지배에 저항할 능력도 없다. 때문에 우리 일본의 식민 지배를 받고 살아가는 것은 너희들의 숙명이다"고 이야기한다.

물론 당파성론이 조선인들에게 교묘히 전파되어 조선인의 의식을 지배하게 된 것은 사실이다. 아마 지금 40대 이상인 사람들은 "조선놈은 모래알이다"는 말을 한번쯤 들어 봤을 것이다. 이 말은 당파성론에 의해서 만들어졌다. 나도 어릴 때 이런 말을 들으면서 자랐는데, 이 말의 의미를 중학교 시절 선생님께서 친절히 설명해 준 기억이 있다. 그 선생님은 "조선인은 한 사람이 있을 때에는 모래알처럼 강하지만, 둘 이상이 되면 뭉치지 못하고 모래알처럼 흩어진다"고 설명했다. 조선인들은 태어나면서부터 이미 체질적으로 모래알 같은 습성을 가지고 있어서 서로 단결하지 못하고 늘 싸움질을 하게 되는데, 이런 습성으로 인해 조선이 망했고, 이에 식민 지배를 받은 것은 당연하다는 논리다. 식민지 조선인은 스스로 이런 말을 통해서 식민주의자들이 은연중에 퍼뜨린 당파성론을 내면화했고, 식민 지배를 당연한 현실로 받아들였다.

식민주의자들의 역사 연구를 우리는 어떻게 비판할 수 있을까? 흔히 이들이 식민 지배의 정당화라는 불순한 정치적 의도를 가지고 심각하게 역사를 왜곡했다고 비판한다. 더 나아가 역사 연구는 정치와 무관해야 하고 엄격한 학문적 중립을 지켜야 한다고 주장하기도 한다. 이런 주장은 학문이 정치적으로 이용되는 것을 비판하는 사람들이 경청해야 할 기본적 자세일 것이다.

이런 비판은 어느 정도 의미가 있긴 하지만 부족하다. 정말 학문이 정치와 무관하고, 사회적으로 중립적일 수 있을까? 식민사관을 신봉한 일본 역사학자들이 가진 정치적, 사회적 의도가 예외적이거나 특별한 현상일까? 정말로 정치적으로 중립적인 역사 연구는 있을까? 그렇지 않다. 역사가들은 특정한 세계관과 가치관을 가지고 현재를 살아가는 존재다. 특정한 사회의식을 가지며, 사회가 나아가야할 방향에 대한 의지를 지닌 존재다. 그런 역사가들이 연구하는 역사가 어떻게 정치적으로 중립적일 수 있을까? 문제는 역사가들이 연구하는 역사가 정치적 의도와 무관해야 한다고 주장하는 것이 아니라, 오히려 역사 연구에 작용하는 역사가들의 정치적 의도가 무엇인지 오롯이 밝히는 것이다. 역사 연구에 작용하고 있는 역사학자들의 사회의식과 특정 사회를 지향하는 사회의지가 무엇인지를 밝혀내야 한다. 그렇다면 당파성론도 그 속에 내재된 인종주의적 지배 의지를 파헤쳐 폭로해야만 제대로 비판할 수 있다.

뉴라이트,
자기만의
역사를 만들다

2장

식민지 근대화론

뉴라이트는 금성교과서로 대변되는 근현대사 교과서에 '좌편향'이라는 이름을 붙이고, 이런 좌편향에서 한국 사회가 벗어나야 한다고 주장한다. 이들이 금성교과서에 좌편향이라는 꼬리표를 붙인 이유는 아마 금성교과서가 자신들이 생각하는 역사와 많이 다르기 때문이다. 그래서 이들은 금성교과서의 편향성을 바로 잡을 '대안교과서'라는 새로운 교과서를 만들었다. 물론 이 대안교과서는 이들이 생각하기에 어디에도 편향되지 않는 객관적인 교과서일 것이다. 그러나 세상일이 그러하듯 누구에게나 공평무사한 것을 찾기란 쉽지 않다. 금성교과서가 편향되게 보이듯 이들에게 객관적인 것이 모든 사람에게 객관적일 수는 없다. 이들이 믿기에 객관적이라 생각하는 대안교과서 또한 특정한 사고에 편향되었을 수 있다. 금성교과서로 대변되는 좌편향 교과서에 맞서 자신들은 '우편향'적인 대안교과서를 만들었다는 솔직한 태도를 보였으면 좋았을 것이다.

정체성론은 한국이 여러 정치적, 사회적 변화를 겪으면서도 능동적으로 발전하지 못하였으며, 개항 당시 조선 사회가 10세기 말 고대 일본의 수준과 비슷하다는 주장이다. 특히, 근대 사회로 이행하는 데 필수적인 봉건 사회가 형성되지 못하여 사회·경제적으로 낙후한 상태를 벗어나지 못하고 있다는 것이다. 이러한 주장은 우리나라의 근대화를 위해서는 일본의 역할이 필요하다는 침략 미화론으로 이어졌다.[3]

또 다른 식민사관인 '정체성론'에 대한 개략적인 설명이다. 정체성론은 말 그대로 조선의 역사는 변화 발전이 없는 정체된 사회, 즉 움직임이 거의 없는 사회라는 주장이다. 조선인은 스스로의 힘으로 사회를 발전시키지 못함을 의미한다. 조선이 발전하려면 자기 스스로의 힘이 아니라 외부의 도움이 필요하다. 그래서 "일본의 식민 지배는 조선을 착취하기 위해서가 아니라 조선을 발전시키기 위해 도움을 주는 것이다"라는 논리가 성립한다. 물론 정체성론도 당파성론과 마찬가지로 인종주의 이론이다. 조선인은 스스로 사회를 변화, 발전시킬 수 있는 능력이 결여된 유전인자를 가진 민족으로 낙인을 찍는 것이다. 이에 비해 일본인은 메이지 유신에서 보는 바와 같이 스스로 근대화를 이룩한 우월한 민족이다. 열등하고 미개한 조선인이 일본인의 도움을 받는 것이 자연스런 귀결이라는 주장이다.

정체성론을 주장할 때 이들은 마르크스주의 사관을 이용한다. 마르크스주의 사관은 역사에 내재된 법칙에 따라서 사회가 단계적으로 발전한다고 본다. 사회는 원시 공산제, 고대 노예제, 중세 봉건제, 근대 자본주의 그리고 공산주의 사회라는 다섯 단계를 통해서 법칙적으로 발전한다고 주장한다. 그런데 정체성론자들은 이런 역사 발전 단계론에 입각해서 조선의 역사를 연구한 결과 조선 후기까지도 노예제 사회에 머물고 있다고 주장한다. 조선은 노예제 사회인 삼국 시대부터 조선 후기까지 별다른 변화가 없는 정체된 사회라는 주장이다. 소위 말하는 '봉건제 결여론'이다.[4] 노예제에서 봉건제로 발전해야 하지만 정체된 사회인 조선은 봉건제가 결여되어 있기 때문에 봉건제 다음 단계인 근대 사회로 발전하지 못한다는 주장이다.

이런 논리의 이면에는 진화론적 사고방식이 놓여 있다. 진화론적 사고에선 생명체가 단순한 것에서 보다 복잡한 것으로 변화, 발전한다고 생각한다. 물론 이러한 발전 과정에서 보다 진화되고 발전된 것이 훨씬 우등한 존재이고, 아래 단계의 것은 열등하다고 본다. 우등한 존재가 열등한 존재를 지배하는 것은 당연하며 열등한 존재가 생존 경쟁에서 밀려 도태되어 소멸하는 것은 자연의 이치다. 이런 진화론적 사고에 기초해서 보면 노예제보다는 봉건제가 그리고 봉건제보다 근대 자본주의 사회가 훨씬 발전되고 진보된 사회다. 그러므로 조선은 봉건제가 결여된 노예제 단계에 머물러 있고, 일본은 스스로 근대 사회로 발전해 갔기 때문에 훨씬 우등한 존재가 된다. 이에 우등한 일본이 열등한 조선을 지배하는 것은 당연한 자연의 이치다. 그리고 스스로 발전할 수 있는 능력이 결여된 열등한 조선은 우등한 일본의 도움 없이는 근대화를 이룩할 수 없다. 이것이 소위 말하는 '식민지 근대화론'이다. 식민지 근대화론에 따르면, 조선이 노예제 사회라는 미개한 상태에 머물러 있기보다 비록 식민 상태로 놓이더라도 이를 통해 노예제보다 훨씬 진보된 근대 자본주의사회를 이룩한다면, 이는 조선에겐 행운이다. 조선의 식민화는 봉건제를 거치지 않고 곧바로 근대화로 나아갈 수 있는 기회며, 이에 조선인들은 식민 지배를 거부하지 말고 오히려 기뻐해야 한다. 정말로 놀랍도록 기묘하면서도 해괴한 논리다.

이처럼 해괴하고 기묘한 '식민지 근대화론'이라는 유령이 지금 한국 사회에 다시 부활해 배회하고 있다. 뉴라이트로 불리는 일군의 학자들은 "식민지 시대가 단지 착취와 억압만이 존재한 시기가 아니라 '시장경제'의 초석을 놓고, 근대화의 토대를 닦은 시기로 볼 수 있다"는 논리를 제기하며 역사학계에 일대 파란을 일으켰다. 물론 이들의 주장이 식민사관의 '정체성론'을 그대로 답습하지는 않는다. 사실 정체성론을 그대로 답습한다는 일은 있을 수 없고, 지금 시대 상황과도 맞지 않는다. 그리고 이들은 식민사관을 그대로 받아들이지도 않는다. 하지만 이들의 주장을 자세히 보면 '식민지근대화론'의 핵심 논리를 새로운 상황에 맞게 부활시켰다고 해도 무방하다. 이들은 왜 식민지근대화론을 부활시켰을까?

친일파를 다시 보다

뉴라이트의 식민지 근대화론에 앞서 주목해 볼 것이 있다. 해방 후 우리 사회가 이룩해야 할 과업이지만 해결하지 못한, 친일파 문제다. 뉴라이트들은 이상하게도 친일파를 상당히 긍정적으로 묘사하고 면 죄부를 주는 듯한 인상을 풍긴다. 사실 거의 모든 사람이 친일파를 '민족반역자'로 보고 청산해야 할 대상으로 여긴다. 이런 상황에서 친일파를 옹호하거나 두둔하는 일은 그리 쉽지 않다. 그런데 이들은 놀랍게도 친일파를 두둔한다. 이들은 도대체 왜 친일파를 옹호할까?

이들은 기존 역사학계의 친일파에 대한 과거사 정리 작업에 불 만을 품고, 친일파에 대한 새로운 접근을 요구한다. 또 친일파에 대 한 새로운 접근을 위해 '민족주의'를 비판하는 일에서 출발한다. 친 일파는 민족반역자며, 이들을 청산하는 일이 민족정기를 바로 세우 는 일로 여겨지는 현실에서 친일파를 옹호하기 위해서는 민족주의에 시비를 거는 일이 당연한 전략으로 보일지도 모른다. 이들은 일견 그 럴듯하게 민족주의가 가진 배타성과 차별적 성격을 지적한다. 그리 고 친일파를 단죄하는 일이 배타성을 지닌 '민족주의' 감정에 입각한 마녀사냥인 양 주장한다.

물론 이들의 이야기처럼 민족주의는 차별과 배타성을 내부에 갖 고 있다. '민족주의'는 동일성과 차이성이라는 민족적 정체성을 바탕 으로 한 이념이자 정치적 주장이다. 가령 '한국인'이라는 말에는 언어와 문화, 역사 등을 공유하는 동일한 집단이라는 의식이 있고, 이는 일본인과 다르다는 차이성을 전제한다. 이런 민족적 정체성을 바탕으로 특정한 사회, 정치적 목적을 달성하려는 이념과 정치적 주장으로 구체화되는 것이 민족주의다. 민족주의는 단순한 민족국가에 대한 염원을 넘어 위대하고 강대한 민족국가에 대한 꿈을 가지고 있기도 하다. 민족주의는 민족의 이상을 실현하기 위해 대중을 적극 동원한다. 이러한 대중동원 속에서 민족주의는 우열의 이념을 보여 준다. 타민족과 다르다는 민족의식 속에 "우리는 그들보다 우월하다"는 의식을 간직하고 있는 것이다. 히틀러의 '독일제국의 영광', 일본의 '대동아공영권' 등 위대한 민족국가 건설을 표방하는 민족주의가 이를 실현하기 위해 대중을 동원하면서 타민족을 열등하게 보고 타민족을 지배하고 차별한 역사적 사실이 이를 잘 보여 준다.

친일파 청산을 과연 민족주의가 내포하고 있는 차별과 배타성에 입각한 마녀사냥으로 이해할 수 있을까?

> '친일'에 대한 규탄이 민족 주체성의 상실을 비판하는 대중의 도덕 감정에서 발로한다면, 그 태도는 역시 민족 주권(자민족 통치권)의 논리에 기초하여 형성된다. 그러나 민족의 의지를 대표하고 통치하는 '단일 민족 주권'의 존재 자체가 상상의 산물이지 않는가. 해방 후에도 실재한 적이 없는 단일한 민족 주권의 논리로 식민지에서 갈라지고 얽혀 있던 권력 운동의 중층적 관계들을 '저항 민족주의' 중심으로 재단하는 것, '친일'을 민족의 이름으로 배제하

는 '민족사' 만들기는 자민족의 긍지를 살리기 위하여 침략의 역
사를 왜곡하는 일본의 '새 역사 교과서 만들기 모임'의 '민족 정
서'와 무엇이 다른가.[5]

뉴라이트 학자인 조관자가 쓴 위 글은 어떤 논리로 친일파를 옹
호하는지 잘 보여 준다. 친일파를 옹호하기 위해 '단일 민족 주권'의
존재 자체가 '상상의 산물'임을 주장한다. 물론 단일 민족 주권의 존
재 자체가 왜 상상의 산물인지 그리고 상상의 산물이 어떤 것인지는
밝히지 않고 단지 단언할 뿐이지만 말이다.

조관자가 단일 민족 주권을 상상의 산물로 보는 것은 아마도 베
네딕트 앤더슨Benedict Anderson (이하 앤더슨)의 '상상의 정치공동체'로
서 민족이라는 개념을 원용했다고 볼 수 있다. 앤더슨은 민족을 근대
에 태동한 상상의 정치공동체로 본다. 그러나 앤더슨이 민족을 상상
의 정치공동체라 할 때, 이는 단지 관념의 산물임을 말하진 않는다.
앤더슨에 따르면 서구에서 민족은 기독교 공동체가 붕괴하면서 태동
했는데, 민족은 기독교 공동체의 신성문자인 라틴어가 아니라 당시
지방어인 프랑스어, 영어, 독일어 등을 사용하는 독자층과 밀접히 관
련된다고 주장한다. 소위 인쇄자본주의와 연관된 지방어 사용 독자
층을 모델로 한 민족의 탄생을 말한다. 이는 민족이 단지 상상이라는
관념의 산물이 아니라 인쇄자본주의, 동일한 언어 사용 집단의 존재
와 같은 물질적 기초가 존재함을 의미한다.

앤더슨은 이러한 물질적 토대가 존재한다고 해서 민족이 객관적

실체를 가진다고 이해할 수 없다는 입장이다. 우리는 흔히 민족을 동일한 언어와 역사 그리고 문화와 혈통을 공유하는 집단이라고 한다. 그러나 이는 민족의식을 가진 사람들의 생각일 뿐 실제는 그렇지 않다. 민족은 객관적 실체가 있는 것이 아니라 단지 민족의식을 가진 사람들이 가진 믿음의 체계라 할 수 있다. 이런 면에서 앤더슨은 민족을 상상의 정치공동체로 정의했다. 상상의 정치공동체가 단순한 관념의 산물이 아님은 물론이다.

　　단일 민족 주권이 상상의 산물이라 단언하는 조관자의 주장은 단일 민족 주권이란 애초에 존재하지 않는 관념에 불과하다는 사실을 은연중에 풍긴다. 그러나 앞에서 살펴보았듯 단일 민족 주권이 상상의 산물이라고 하는 주장이 애초부터 존재하지 않는 관념의 산물을 의미하지는 않는다. 상상의 산물은 모든 사람이 상상 속에 꿈꾸는 것으로 실재한다는 의미다. '단일 민족 주권'은 단지 관념의 산물로서 허구가 아니라, 근대 사회에 들어 민족 공동체가 탄생하면서 나타난 정치적 이상이자 타 민족의 지배를 배제하고 민족 스스로 자기 운명을 결정해야 한다는 근대 정치의 중요한 원리에 대한 표명이다. 이 때문에 각 민족은 누구나 자기가 직접 내린 결정에 따라 국가를 구성해야 하며, 다른 민족의 간섭을 배제한다. 제국주의의 식민 지배에 대항해 민족 독립과 단일 주권을 되찾기 위한 독립운동가의 이상은 상상이지만, 식민지인들이 실제로 꿈꾸던 이상임에 틀림없다. 이는 식민지 조선에서도 엄연한 현실이었다. 단일 민족 주권에 대한 정치적 이상은 일제시대 좌우파를 불문하고 독립을 꿈꾼 사람이라면 누구나 가진 공통 목표였다. 물론 단일 주권 국가에 대한 이들의 갈망에는 타민족의 주권을 부정하고 타민족을 지배하려는 배타적인 민족주의 욕망은 애초에 없었다. 이를 잘 보여 주는 것이 조소앙趙素昻의 '삼균주의'다.

> 삼균주의는 대한민국 임시정부의 외무부장이었던 조소앙이 독립 운동의 기본 방략 및 독립 국가 건설의 지침으로 만들어 낸 이론이었다. 삼균이란 개인과 개인, 민족과 민족, 국가와 국가 사이의 완전한 균등을 의미한다. 개인과 개인 사이의 균등은 정치, 경제, 교육을 통해, 민족과 민족 사이의 균등은 민족 자결을 통해 이룩된다. 국가와 국가 사이의 균등은 식민 정책과 자본 제국주의를 배격하고 침략전쟁 행위를 하지 않아야 이룩된다는 것이다.[6]

일제 말기 충칭에 자리를 잡고 좌우파 연합 형태로 조직된 임시정부의 건국 강령에 바탕이 된 '삼균주의'를 주창한 조소앙은 뉴라이트에서 시비를 거는 민족주의자이지만, 그의 생각에 타민족을 차별하고 배제하며 지배하려는 자본 제국주의 정책은 애초에 없었다. 단일 주권 국가 건설은 모든 민족이 동등한 권리를 가지고 자신의 운명은 스스로 결정해야 한다는 '민족자결주의'에 기초한다. 이럴 때만이 모든 민족이 호혜적이고 평등한 관계를 누릴 수 있다고 조소앙은 강조한다.

그런데 조관자는 단일 민족 주권은 실재하지 않으며, 이런 실재하지 않는 단일 민족 주권 개념을 가지고 저항적 민족주의[7]를 중심으로 '친일'을 배제하는 것은 민족주의의 배타성을 주장하기 위함이라고 한다. 저항적 민족주의의 중심성이 가진 배타성을 주장하면서 그녀가 말하고 싶은 것은 결국 친일파를 단죄하는 일은 부당한 폭력이라는 주장이다. 이런 주장을 하면서 놀랍게도 "민족의 이름으로 친일을 배제하는 것이 '새 역사 교과서 만들기 모임'의 '민족적 정서'와 무엇이 다른가"라고 반문한다. 이런 반문 속에는 친일파 청산을 통해서 민족정기를 세우려는 세력의 배타적이고 폭력적인 태도에 대한 분노의 감정이 배어 있는 듯하다.

일본 극우세력을 대변하는 '새 역사 교과서 만들기 모임'은 일본이 타민족에 대한 식민 지배와 침략전쟁을 반성하는 일을 '자학사관'이라 생각한다. 이들은 배타적 민족주의에 입각해 식민 지배와 침략전쟁을 미화한다. 그러므로 식민 지배를 반성하고 타민족에 대한 침략을 사과하고 배상하는 일을 거부한다. 그런데 일본의 배타적 민족주의에 입각한 식민 지배와 침략전쟁에 적극 동조하고 그에 협조한 세력이 바로 '친일파'다. 이들은 일본의 배타적인 민족주의에 기생해 일신의 영달을 꾀하던 민족반역자다. 조관자가 일본 '새 역사 교과서 만들기 모임'의 민족적 정서를 비판한다면, 당연히 일본의 침략전쟁과 제국주의 정책에 적극 동조한 친일파에 대한 단죄를 주장해야 한다. 그런데 이상하게도 그녀는 친일파 배제를 일본의 배타적 민족주의와 동일하다고 취급한다. 친일파 청산은 일제 잔재 청산의 일환이고 나아가 일본과 같이 제국주의 정책을 추구하지 않고 타민족과 호혜 평등한 관계를 유지하겠다는 의지의 표명이다.

또 조관자는 자신의 입장을 뒷받침하기 위해 "식민지에서 갈라지고 얽혀 있던 권력 운동의 중층적 관계"라는 그럴듯한 주장을 한다. 이는 독립을 추구하던 세력과 함께 민족국가 수립이라는 권력 운동의 중층적 관계 속에 서로 얽혀 있는 것으로 친일파를 보고 있음을 의미한다. 이런 주장은 '친일 내셔널리즘(민족주의)'이라는 기묘한 말을 창출하기 위해서다. 사실 친일파를 단지 반민족적 행위자로만 인식하고 주권을 회복하기 위한 권력 운동에서 배제한다면, 그녀의 주장은 호응을 얻기 힘들다. 그렇기 때문에 권력 운동의 중층적 관계라는 개념을 통해서 친일파도 민족주의 세력의 일부였다고 주장하는 것이다.

> 그들의 민족주의는 개량되거나 방기된 것이 아니라, 피지배 민족을 통합하려는 제국주의와 맞물려 파행적인 모습으로 드러난다. 그들은 생존의 이익을 추구하여 식민지 제국 일본의 민족과 국가 담론을 재생산하며 폭력적인 권력 운동에 참여하는 것이다. 그 시대의 유명 인사들이 '친일파'로 확인된 것은 그들의 삶을 지배한 권력 운동이 단일 민족론과는 양립할 수 없는 '내선일체'를 표방하고 있었기 때문이다.
>
> '식민지 제국 일본'의 국민을 자처했던 협력의 논리는 일본 내셔널리즘의 폭력적인 전개에 의해 전도된 식민지 내셔널리즘의 한 형태라고 볼 수 있다. 그들은 만주국 건설 이후 일본의 국가적 패

권과 국어로서의 일본어의 지배를 승인하는 한편, 제국 일본의 팽창에 부응하는 새로운 민족 표상을 그려내고 국민 의식을 계몽한다. '내선일체'에 대응한 '동조동근'의 혈통과 역사적 전통을 창출하며, 조선인이 제국 일본의 '주체=신민'이 되는 내셔널리즘의 한 형태를 정립하려 했던 것이다. 이 글에서는 그것을 '친일 내셔널리즘'이라 부르고, 최남선과 더불어 그 대표적인 이데올로그였던 이광수의 논설을 통해 '민족을 위한 친일'이 형성되고 파탄되는 지점을 추적하려고 한다.[8]

이 글에서 조관자는 뭔가 그럴 듯하고 교묘한 말로 사람들을 현혹한다. 그녀는 '친일 내셔널리즘'이라는 말을 통해 '반민족행위특별위원회'에 의해 민족반역자로 기소된 이광수의 "민족을 위해 친일을 했다"는 당시 변명을 재포장해 부활시키고 있다. 그러나 '친일 내셔널리즘' 즉, '민족을 위한 친일'이란 애초에 존재하지 않는다. 존재하지 않는 것을 존재하게 하는 것, 이는 친일파를 위한 최고의 언어마술이다. 일제가 침략전쟁을 치르면서 저지른 폭력과 강요에 따라 이광수와 최남선 같은 이들은 어쩔 수 없이 '전도된' 식민지 내셔널리스트가 되었다는 주장이다. 조관자에 따르면 일제의 폭력적 강요라는 현실에서 이들의 친일 행위는 내셔널리스트로서 민족 생존을 위한 불가항력적인 고뇌에 찬 선택이라는 주장이다. 그렇기 때문에 이들이 민족반역자로 낙인찍혀 민족에서 배제당하는 것은 매우 억울하다는 이야기다.

조관자가 친일파를 내셔널리즘 속에 포함하려고 한 시도는 성공했을까? 단적으로 말하면, 이 시도는 그리 성공했다고 볼 수 없다. 오히려 자신의 논리 속에서 스스로 붕괴하고 만다. 그 붕괴는 '내선일체'에 대한 몰이해를 통해 드러난다. 위 인용문에서 나온 것처럼, 조관자는 "친일파는 '내선일체'에 대응하는 '동조동근'의 혈통과 역사적 전통을 창출하며, 조선인이 제국 일본의 '주체=신민'이 되는 내셔널리즘의 한 형태를 정립하려 했다"고 주장한다. 그리고 이것이 새로운 민족의 표상임을 주장한다. 그런데 과연 그럴까?

내선일체 개념은 1930년대 이후 철저하게 진행되던 민족말살정책의 핵심이다. 내선일체에서 '내'는 '내지', '일본'을 의미하고, '선'은 '조선'을 의미한다. 그렇다면 내선일체는 일본과 조선이 일체라는 말이 된다.

누구나 알고 있듯이 일본인은 조선인과는 다르다. 역사도 다르고, 말도 다르고, 문화도 다르다. 그런데 어떻게 이 둘이 하나가 될 수 있단 말인가? 이 둘이 하나가 되려면, 어느 한쪽이 자신의 민족적 정체성을 포기하고 다른 쪽으로 '동화'되어야만 한다. 그러면 둘 중에 누가 자신의 민족적 정체성을 포기해야 할까? 사실 어느 쪽도 이를 원치 않으니 이를 실현하기 위해서 강제력을 동원해야 한다. 물론 강제력은 힘이 우월한 쪽에서 사용할 수 있다. 당연히 당시 우월한 힘을 가진 존재는 일본이었고, 일제는 그 힘을 통한 폭력적 방식으로 조선인에게 일본인이 되도록 강요했다. 이에 조선인은 자신의 민족적 정체성을 포기해야 했고, 강제로 일본인으로 동화되어야만 했다.

어느 날 갑자기 자신의 말을 사용할 수도 없고, 어릴 때부터 불린 자신의 이름을 포기해야 했다. 그리고 "일본인과 조선인의 조상은 같다"는 '동조동근론'에 입각해 일본의 역사가 자신의 역사인 양 강요당했다. 이런 과정을 통해 일본인으로 동화된 조선인은 천황의 신민(황국신민)이 되었다. 신사참배를 해야 했고, 천황이 있는 궁을 향해 절하는 궁성요배를 해야 했으며 천황에게 충성을 함께 맹서하는 '황국신민서사皇國臣民誓詞'를 암송해야 했다. 그러나 영광스런(?) 황국신민이 된 조선인이 일본인과 동등한 대우를 받지는 않았다. 조선인은 그저 일본인에 뒤처진 2등 신민일 뿐이다. 2등 신민으로 전락한 조선인은 일제 침략전쟁의 도구로 희생당했다. 특히 중일전쟁 이후 누구는 강제 징집을 당해 전쟁터로 끌려갔으며, 어떤 이는 징용으로 끌려가 참담한 강제노동을 해야 했고, 또 다른 이는 침략전쟁을 위해서 각종 전쟁 물자 공출에 동참해야 했으며, 또 다른 누구는 일본군을 위한 위안부로 강제 동원되었다. 내선일체라는 구호의 실상이다.

조관자는 내선일체에 적극 동참해 조선인의 황국신민화에 앞장선 친일파를 내셔널리스트로 보고 있다. 내선일체를 통한 조선인의 황국신민화를 '새로운 민족 표상'을 세우는 것으로 이해한다. 그러나 이 새로운 민족 표상은 "조선인은 일본인이다"며, 이는 조선인에게 민족의식을 포기하라는 것을 의미한다. 최남선과 이광수는 결국 조선인에게 일본인 되기를 계몽한 셈이다. 그리고 황국신민으로 일제의 침략전쟁에 적극 동참할 것을 호소했다. 이런 행위를 단지 '전도된 민족주의'라 할 수 있을까? 민족주의 이념은 민족적 정체성을 바탕으로 한다. 민족적 정체성을 바탕으로 하지 않는 민족주의란 도대체 무엇인지 되묻고 싶다. 조선인이 일본인이 되어야 한다고 생각하는 사람을 조선인이라 할 수 있을까? 이런 사람은 비록 조선인으로 태어났지만 차라리 일본인이라고 해야 할 것이다. 민족적 정체성을 말살하는 데 앞장선 사람들을 민족주의자라 규정하는 기묘함은 정말로 어처구니없지만 친일파를 위한 최고의 언어수사다.

조관자는 이광수의 행적을 추적하면서 그가 애초에 민족주의자로 활동했다는 점을 밝히고, 민족주의자 이광수는 시대적 상황에 따라 변신을 해 왔고, 그것이 민족의 생존을 위해 어쩔 수 없이 선택한 길임을 강조했다.[9] 특히 일제 말기 이광수가 민족말살정책에 적극 동참해 동포들을 천황의 신민으로 침략전쟁에 적극 동참하게 한 일은 당시 상황에서 어쩔 수 없는 선택이었다는 주장이다. 당시 조선인들은 일제의 패망을 꿈에도 생각할 수 없었고, 저항을 통해 독립도 거의 불가능한 상황이라고 생각했다는 말이다. 이런 상황에서 황국의 신민으로서 침략전쟁에 적극 동참하도록 독려하는 일은 조선인의 '생존'을 위해 어쩔 수 없는 선택이라는 주장이다. 그러나 황국신민화는 조선인이 일본인이 되는 길이요, 2등 신민으로 천황을 위해 희생과 충성을 강요당하는 것에 불과하다. 더욱이 생존을 위해 어쩔 수 없이 황국신민이 되어야 한다는 것, 이는 자기기만이다. 황국신민으로 천황에게 충성을 다해야 했던 조선인에게 닥친 현실은 생존이 아니었다. 황국신민이 된 조선인은 생존이 아니라 일제의 침략전쟁에 강제 동원되어 죽음과 파멸의 길로 내몰렸다. 그렇다면 누구의 생존일까? 친일파 자신의 생존에 불과하다. 친일파들은 천황의 성스러운 전쟁에 황국신민으로서 조선인이 적극 동참할 것을 선전하는 데 열을 올렸다. 그러나 그들은 성스러운 전쟁에 직접 참여하지 않았다. 자신만 살자고 동포들을 죽음의 구렁텅이로 몰아넣은 꼴이다. 여기에 무슨 민족주의가 있는가? 단지 친일파 자신의 생존을 위한 자기 기만과 파렴치만 있을 뿐이다. 이들은 전도된 민족주의자가 아니라 영원히 일본인으로 살아가려는 자기 생존의 의지만 있는 민족반역자에 불과하다.

뉴라이트는 '자유주의 시장경제주의자'

뉴라이트 학자들이 '친일민족주의'라는 해괴한 논리를 이용해 친일파를 옹호하는 이유는 무엇일까? 그들은 왜 수많은 사람이 민족반역자라 생각하는 친일파를 옹호하고 두둔할까? 그리고 민족반역자를 친일파라 규정하고 이를 청산하려는 세력을 배타적인 세력으로 몰까? 아마도 상식적인 사람들은 잘 이해하지 못할 것이다. 이들이 친일파를 옹호하는 데는 다른 사회적 이유가 있다. 그리고 그 이유는 현재 우리 사회를 바라보는 그들의 생각과 밀접한 관련을 가진다고 할 수 있다.

민족을 태극으로 하는 선악사관과 근본주의의 함정을 대체할 새로운 역사학은 어떠한 것인가? '직업으로서의 역사학'에 잘 훈련된 역사가가 다시 쓸 해방전후사는 어떠한 것일까? 여러 가지 대답이 있겠지만, 나 나름으로는 문명사가 그것이라고 주장하고 싶다. 내가 머리에 그리고 있는 문명사에서 출발점은, 그리고 언제나 다시 돌아오게 되는 마음의 고향은 분별력 있는 이기심을 본성으로 하는 호모 에쿠노미쿠스homo economicus, 그 인간 개체이다. 인간은 이기적 동물이며 이기적이기 때문에 도덕적이다. 도덕적이기 때문에 협동하며, 협동하기 때문에 문명을 건설한다. 현대의 진화론적 생물학에서 배운 이 같은 단순 명료한 몇 가지 명제들이 내가 이야기하고 싶은 문명사의 기초를 이루고 있다.[10]

뉴라이트의 대표 학자인 이영훈의 위 글은 이들이 왜 친일파를 옹호하고 '식민지 근대화론'을 부활하려 하는지에 대한 단초를 보여준다. 글에서 보듯 이영훈은 민족을 중시하는 것을 '선악사관' 내지 '근본주의'라 규정한다. 민족을 근본으로 생각한다면, 역사를 민족과 반민족으로 나누어 사고해 민족적이지 않은 것은 '악'으로 규정하는 흑백논리에 빠지게 된다는 것이 그의 생각이다. 이러한 선악사관을 극복하기 위해서는 역사 서술을 민족이 아니라 '문명사'에서 해야한다고 주장한다. 그런데 이영훈은 문명사를 이야기하면서 문명사의 출발점은 "이기심을 본성으로 하는 호모 에쿠노미쿠스, 그 인간 개체다"라고 주장한다. 물론 "이 개체적 인간은 이기적 동물이며 이기적이기 때문에 도덕적이며, 이에 서로 협동할 수 있으며, 이 협동으로 인해 문명을 건설할 수 있다"고 주장한다. 인간이 이기적이기 때문에 도덕적이고, 이에 협동할 수 있어서 문명을 건설할 수 있다는 주장은 그에게 어떤 논리적 설명과 근거가 필요치 않는 당위적 명제다. 왜냐면 그가 바로 '자유주의 시장경제주의자'[11]이기 때문이다.

이영훈의 당위적 명제는 사실 고전경제학자들의 생각에 바탕을 둔다. 우리는 고전경제학의 토대를 닦은 애덤 스미스의 논리를 익히 알고 있다. 그는 사회가 원자화된 개인(개체적 인간)으로 구성되어 있고, 이 원자화된 개인은 이기적이며 합리적인 존재라고 가정한다. 이 가정에 입각해 애덤 스미스는 이기적이고 합리적인 인간이 '시장'에서 자기 이익을 실현하기 위해 노력하는데, 이런 노력이 이기적 의도와는 달리 사회 전체에 이익을 가져다준다고 생각한다. 가령 인간은 자기 이익을 실현하기 위해 상품을 시장에 내다 판다. 물론 이는 다른 사람을 위한 이타적인 행위가 아니라 자기 이익을 실현하기 위한 행위다. 그러나 이런 행위 때문에 사람들이 서로 필요한 물건을 교환함으로써 협동하게 되고 함께 살아갈 수 있다. 애덤 스미스는 더 나아가 이기적 인간이 활동하는 시장에는 '보이지 않는 손'이 작동하는데, 이 때문에 인간의 이기적 경제 활동은 합리적으로 조절되고, 자원 배분도 원활하게 이루어진다고 주장한다. 그는 '국부론'을 통해 이런 생각을 전파했는데, 이로써 고전경제학의 토대를 만들었다. 국부론은 단순한 경제학이 아니라 '윤리학'이라는 철학적 성격을 가지고 인간의 '이기심'이 이타주의보다 도덕적이라고 주장한다.

이영훈은 애덤 스미스의 주장을 자기 주장의 당위론적 명제로 삼았다. 그는 원자화된 개인, 즉 개체적 인간을 문명사의 출발점으로 삼아 개체적 인간의 이기심에 기초한 합리적 경제 활동이 문명을 건설하는 토대가 된다고 주장한다. 개체적인 인간이 활동하는 곳은 경쟁하는 시장이며, 시장에서 자유롭게 경쟁할 수 있는 사회가 올바른 문명이라는 생각이다. 이영훈의 문명사는 이기적이고 개체적인 인간이 아무런 제약을 받지 않고 자유롭게 경쟁할 수 있는 '자유시장경제(또는 자유 경쟁적 자본주의)'를 말하며, 이는 그의 영원한 마음의 고향이다.

이기적 존재인 인간이 자유롭게 경쟁할 수 있는 자유시장경제를 절대적으로 신봉하는 이영훈에게 일제의 식민 지배와 친일파는 달리 보일 것이다. 물론 이는 뉴라이트 학자들의 공통된 생각이다. 이들은 비록 일제가 조선을 식민 지배했지만, 이기적인 존재인 인간이 자유롭게 경쟁할 수 있는 시장경제질서를 창출했다는 점에서 식민지 시대를 상당히 긍정적으로 본다. 그리고 친일파가 일제가 창출한 자유시장경제제도를 작동하는 데 하위 파트너로 기능했을 뿐만 아니라, 해방 후 자유시장경제질서를 재창출하는 데 중추적인 역할을 했다고 판단하기 때문에 이들을 적극 옹호한다.

> 앞서도 지적했지만, 식민지기에 일제가 토지와 식량과 노동을 아무런 보상 없이 대량으로 수탈했다는 국사 교과서의 낯익은 수탈론은 무책임한 역사가들에 의해 만들어진 현대판 신화에 불과하

다. 일제는 그러한 조악한 수준의 수탈을 저지르기 위해 한반도로 건너온 것이 아니다. 그들은 한반도 전체를 일본제국의 영토로 영구히 병합하기 위해, 조선의 정신과 문화를 일본으로 동화시키기 위해, 그러한 아무래도 잘 될 것 같지 않아 보인 거창한 수준의 수탈을 감행하기 위해 조선을 식민지화했다. 그 거창한 수탈을 위해 그들은 조선의 전통사회에 근대적인 시장경제제도를 이식했으며, 그 시장판에서 공업화를 추진하고 근대적 경제성장을 이룩했다. 근대의 물결은 시장을 넘어 인간 개체와 그를 둘러싼 사회조직의 구석구석까지 미쳤다. 인간들의 사회적 지위를 반과 상으로 나누었던 신분제가 최종 해체되었다. 이제 인간들은 근대 민법이 보장하는 사권私權의 주체로 자립했다. 전통 촌락사회도, 상인 조직도, 각종 계 조직도, 근대적인 관료 기구에 흡수되거나 조합으로 재편되었다. 나아가 사상과 문학과 예술의 영역에서도 근대를 이해하고 향유하는 인간 집단이 주로 도시부에서 성립했다.[12]

다소 길게 인용한 이영훈의 이 글은 '식민지 근대화론'이 무엇인지를 보여 준다. 그는 기존 국사교과서는 일제시대를 단지 수탈만 존재한 시기로 보는, 매우 잘못된 신화를 남겼다고 주장한다. 그에게 일제시대는 수탈의 시기가 아니라 "조선의 전통사회에 근대적인 시장경제제도를 이식하고, 그 시장판에서 공업화를 추진하고 근대적 경제성장을 이룩한 시기", 문명사로 진입하는 시기인 셈이다. 또 문명사로의 진입은 신분제를 해체하고 '사권'의 주체, 즉 사유재산권을 갖고 이기심을 실현하기 위해 시장에서 자유롭게 경쟁하는 개체적 인간을 만든 시기이기도 하다. 이에 일제 식민 지배를 '수탈론'이라는 부정적 시각이 아니라 근대적 시장경제제도를 이식하고 사권(사적 이익을 추구하는 이기적 인간의 법적 권리)의 주체를 형성한 문명화로 진입하는 긍정적인 시기로 봐야 한다고 주장한다. 물론 이런 주장은 자유주의 시장경제주의자들이 식민지 시대에 대해 갖는 공통된 생각이다.

수탈론을 주장하는 기존 학자들도 식민지 시기를 통해 근대적 경제 제도가 도입되고 공업화가 어느 정도 이룩되었다는 점을 부정하지는 않는다. 그러나 일제를 통해 이식된 근대적 경제 제도는 식민지라는 특수한 상황 속에서 상당히 왜곡되고 뒤틀린 모습을 보인다는 점을 강조한다. 그리고 일제가 도입한 근대적 경제 제도가 조선인의 삶을 향상시키기 위해서가 아니라 일본의 필요를 충족시키기 위해서였다는 점을 잊지 않는다. 이를 '식민지 경제 구조'라 한다. 식민지 경제 구조는 조선의 필요가 아니라 일본의 필요를 충족시키기 위한 것으로 이는 결국 조선의 경제를 상당히 왜곡하고, 조선인을 수탈의 구렁텅이로 밀어 넣는다. 이런 측면에서 식민지시대는 일본 제국주의가 조선인을 억압하고 착취한 시기였다는 사실은 너무나도 당연하다. 식민지를 통해 고통받은 무수한 조선인이 증언한 삶 속에서 드러난다.

결국 식민지 시대에 시장경제가 도입되고 공업화가 이뤄졌는가라는 의문은 이 문제의 초점이 아니다. 이를 부정할 사람은 아무도 없다. 그리고 식민 시대를 통해 이룩된 공업화가 해방 후 시장경제와 공업이 발전하는 데 일부 기여했다는 사실도 부정하지 않는다. 문제는 '식민지 근대화론'이 부활한 핵심적인 생각, 즉 비록 조선이 일제의 식민 지배를 받았지만, 이 시기를 통해 시장경제제도가 도입되고, 공업화가 이룩된 문명사적 전화의 시기로 이를 긍정적으로 보아야 한다는 생각이다. 이런 입장에서 보면, 식민지 이전 조선은 이기적 존재인 개체적 인간의 이기심과 자유(경제 활동의 자유)를 누릴 수 있는 사회가 아니라는 점에서 미개한 사회다. 이들이 보기에 식민 시대는 착취와 억압이 아니라 야만에서 문명으로 가는 시기다. 이는 일본 제국주의자들이 식민 지배를 정당화하는 논리와 너무나 닮았다. 일제는 조선이 스스로 발전하지 못하는 미개한 사회고, 이에 스스로 근대화를 이룩한 우월한 문명사회인 일본의 지배를 받는 것이 조선인의 행복과 기쁨이라고 하지 않았던가! 뉴라이트 학자들도 식민 시대는 시장경제라는 문명사회로 전환하는 시기로서 조선인에게 행운의 시기였음을 이야기하고 싶은 것이다.

미화된
식민지 시대

뉴라이트는 시장경제제도가 도입되고 공업화가 이룩된 문명사회로 진입한 시기로 일제시대를 본다. 그렇다면 이 시대에 이전의 미개한 시기보다 사람들이 훨씬 살기 좋았고 행복한 시기였음을 보여 줄 필요가 있다. 문명화된 시기에 많은 사람이 살기 어려웠다면 이는 말이 되지 않을 것이다. 기존 국사교과서에 나온 수탈론은 식민지 시기를 매우 부정적으로 본다. 많이 사람이 생존을 위해 해외로 떠돌던 시대, 일본의 식민지 차별로 인해 고통받던 시대, 굶주림으로 허기진 배를 채우기 위해 몸부림치던 시대, 자신은 원하지도 않는 전쟁에 총동원되어 죽어 가던 시대 등 야만적이고 불행한 삶의 표상들이 떠돌던 시대였다. 그러나 뉴라이트 입장에서 문명사로 진입한 시대가 어찌 이러한 야만적이고 불행한 삶의 모습으로 비쳐야 할까? 이들은 이런 삶의 표상들을 사실로 받아들일 수 없을지도 모른다. 기존의 수탈론이 식민 시대를 편협한 마음으로 부정적으로만 보려고 사실을 왜곡하진 않았을까? 수탈론은 민족 감정에 치우친 엉터리가 아닐까? 이에 뉴라이트 학자들은 식민지 시대의 부정적인 측면을 불식시키고 사람들의 삶이 개선된 긍정적인 사회임을 보여 주는 연구에 집중한다. 사람들이 식민 시대를 떠올릴 때 부정적인 면보다 문명사에 걸맞는 밝고 긍정적인 이미지를 먼저 떠올리게 하는 것이 이들의 목표인 셈이다.

따라서 이 추계치를 바탕으로 식민지 시기 조선의 경제성장이 이미 1910년대에 활발했다가 1920년대에 다소 둔화된 후 다시 1930년대에 활발해진 것. 그리고 소비는 전 기간에 걸쳐 큰 기복

없이 증가한 것을 알 수 있다.

1910년대에는 시장경제가 널리 보급되는 가운데 1차 대전기의 일본 경제의 호황이 조선에 파급되었고, 1920년대에는 산미증식 계획을 중심으로 정책적인 산업 개발이 시작되었으며, 1930년대 는 일본 자본의 진출을 바탕으로 식민지공업화가 본격화했다는 것 등은 소득과 소비의 이러한 동향과 부합한다.[13]

뉴라이트 학자 주익종의 이 글은 식민지 시대가 소득과 소비에 서 대체적으로 증가한 시기임을 보여 줌으로써 기존 역사학계의 '수탈론'을 비판하고, 시장경제와 산업화로 인한 과실을 식민지 조선인 들도 어느 정도 누렸다고 주장한다. 이 주장은 식민지 시기 연대별 국내총생산GDP과 국내총지출GDE의 추계치를 통해 정당화된다. 뉴라이트 계열의 낙성대경제연구소 연구자들은 광범위한 데이터 수 집을 통해 1912~1939년에 GDP는 2.66배로, 민간소비는 2.38배 로 증가했는데, 이를 연평균으로 환산하면 각기 3.6퍼센트와 3.3퍼 센트 증가했음을 보여 준다. 또 이 시기 인구 증가율이 42퍼센트임 을 감안하면, 1인당 소득은 1.87배, 1인당 소비는 1.67배 증가했으 며, 이를 연평균으로 환산하면, 각기 연 2.3퍼센트와 1.9퍼센트 증가 했다고 결론짓는다. 이들은 이런 성장이 당시 다른 지역이나 나라들 과 비교해 대단하다고 주장한다. 1913~1950년에 세계 각국 1인당 평균 소득은 연간 0.9퍼센트 성장했으며, 일본을 제외한 아시아는 −0.02퍼센트의 연간 성장률을 보였고, 1880~1990년 미국의 1인

당 소득 증가율은 연 1.7퍼센트였다는 주장이다.[14]

이처럼 식민지 시기는 시장경제 도입과 공업화를 통해 경제성장이 이뤄졌고, 이 성장의 과실이 부족하긴 하지만 조선인에게도 어느 정도 돌아갔다는 말이다. 역시 성장론만큼 사람들에게 매력적으로 다가오는 자료도 없다. 경제가 성장하고 소비가 증대한다면, 사람들의 삶이 개선되고 행복이 증진되었다고 할 수도 있다. 지금도 우리는 항상 경제성장에 목매달고 있고, 경제성장이 뒷걸음치면 마치 큰일이 나는 것처럼 두려워하지 않는가 말이다. 주익종의 성장론은 '수탈론'을 극복하는 데 좋은 소재다. 그의 연구처럼 식민지 조선의 성장률이 전 세계 다른 나라와 비교해 훨씬 높았다면, 이는 수탈론이 엉터리임을 보여 주는 강력한 증거가 될 것이다. 그의 연구는 식민지 시기의 암울한 이미지를 벗겨 내는 데 일견 성공한 듯 보인다.

그런데 경제성장률이라는 수치가 식민지인의 삶을 제대로 보여 줄 수 있을까? 많은 사람이 현재 우리 삶에서 경제성장률이 삶의 현실을 전혀 보여 주지 못한다고 느낀다. 수출 증대로 대기업은 엄청난 부를 쌓고 있지만 서민들과는 별 관계없다고 느끼지 않는가! 오히려 경제성장은 이루어지는데 서민들의 삶은 더욱 팍팍해지는 것이 현실이다. 경제성장률이라는 수치는 수치일 뿐, 사람들 삶의 현실을 제대로 보여 주지 못하고, 심지어는 그것을 은폐하는 데 이용되기도 한다.

주익종의 연구가 보여 주는 경제성장률을 정말로 식민지인들의 삶을 개선하고 행복을 증진하는 지표로 이해할 수 있을까? 식민지 시기 공업화의 진전 정도를 보여 줄 수는 있어도 식민지의 삶을 보여 주지는 못한다. 일본에게 식민지가 되기 전 조선은 제국주의 국가들의 침략에 대응해 근대화를 위한 나름의 노력에도 불구하고 본격적인 공업화를 이룩하지 못했다. 식민 지배를 받기 이전 조선은 여전히 전근대적인 농업 중심 사회였다. 이런 사회에 근대적인 국내총생산과 국내총지출 같은 개념을 사용하는 것은 별 의미가 없다. 국내총생산과 국내총지출 개념은 시장경제체제와 공업화가 본격화된 시기에 사용해야 유의미한 개념이 될 수 있다. 그렇다면 식민지 시대에 이런 개념을 적용해 성장률을 파악하는 것은 공업화 진척 정도와 근대적 소비 구조의 형성을 실증할 수 있는 연구라는 측면에서 어느 정도 의미가 있지만, 그 자체로 수탈론과 대립하는 증거가 될 수는 없다. 일본에게 완전 식민지가 된 후 조선에선 본격적으로 시장경제체제가 도입되고, 공업화가 진행되었다. 국내총생산과 국내총지출 증가는 너무나도 당연하다. 만약 국내총생산과 국내총지출이 증가하지 않았다면, 그야말로 이상하다. 위에서 나온 성장률은 식민지 조선의 공업화 진행 정도를 보여 주는 지표 그 이상도 이하도 아니다. 경제성장률은 근대적 식민지 경제체제의 형성을 통한 착취 구조의 발전 정도를 보여 줄 따름이다.

주익종도 국내총생산과 국내총지출이라는 성장률만을 가지고는 그 자체로 '수탈론'을 극복할 수 없다는 사실을 알고 있다. 이에 그의 연구는 총생산과 총소비 증대의 과실이 조선인 개개인의 소득과 소비 증가를 가져왔다는 점을 보여 주는 것으로 나아간다.[15] 조선인 1인당 소득과 소비도 전 세계에 비춰 상당히 증가했다는 것이다. 그러나 이런 1인당 소득과 소비 증대도 수탈론을 극복할 수 없다. 국내 총생산과 국내총지출이 증가한다면, 조선인의 소득과 소비가 어느 정도 늘어나는 것도 당연하다. 1인당 소득과 소비가 총생산과 총지출을 인구로 나눈 결과기 때문이다. 따라서 주익종이 통계치를 통해 제시했듯이, 조선인 1인당 소득과 소비 증가도 당연하고, 그렇지 않다면 오히려 이상하다.

여기서 조선인 1인당 소득과 소비 증가는 일본인 소득과 소비 증가에 훨씬 못 미친다는 사실을 간과하지 말아야 한다. 이 점은 주익종도 부인하지 않는다. 소득과 소비 증가에서 일본인과 조선인 차이는 소득분배구조에서 민족적 차별이 존재한다는 의미며, 이는 식민지 시대 경제성장에 따른 과실이 조선인에게도 일부 돌아갔지만 식민지적 차별구조 내에서 이뤄진 것에 불과하다는 사실을 의미한다. 식민지 차별 구조 속에서 경제성장에 따른 과실 일부가 조선인에게 돌아갔다고 한들 그것이 무슨 의미가 있을까? 온갖 차별과 멸시 속에서 경제성장을 통해 소득과 소비가 증가하면 그것만으로 족할까? 이에 동의하려면 인간은 단지 경제 동물에 불과하다고 생각해야 한다. 과연 인간은 단지 경제 동물에 불과한지를 이들에게 되묻고 싶다.

한편 주익종의 연구는 단순한 소득과 소비 증가에 관한 연구에 그치지 않는다. 단순히 조선인 1인당 소득과 소비가 증가했다고만 하면 단순한 숫자놀음에 불과하다. 국내총생산과 총소비가 늘어서 1인당 소득과 소비 증가로 이어진다고 해도 모든 사람에게 동일한 소득과 소비 증대로 나타나진 않는다. 1인당 소득과 소비 증가는 평균

적이고, 사람에 따라 다르게 나타난다. 가령 당시 조선인 중에는 기업가나 지주처럼 사회적 부를 가진 사람이 있는가 하면, 노동자나 농민 같은 가난한 사람도 있다. 국내총생산과 소비 증대가 미치는 영향은 기업가나 지주 같이 부를 가진 집단과 노동자나 농민 같은 서민과는 완전히 다르다. 이에 주익종은 조선인 중 노동자나 농민 계층의 임금과 수입에 관해 연구했다. 그는 기업가와 지주의 소득 증대에 대해서는 밝히고 싶지 않을지도 모르겠다. 왜냐하면 이들은 식민지 공업화의 열매를 거의 독식한 세력으로 이들 중에는 친일파가 많기 때문이다. 어쨌든 주익종은 자기 연구를 통해 농민과 노동자 같은 서민들에게도 식민지 공업화가 진척된 결과 소득과 소비가 증대하는 혜택이 돌아갔음을 보여 주고 싶었을 게다. 그래야만 온전히 식민지 시대가 조선인에게 삶의 개선과 행복을 증진한 복된 시대였다고 말할 수 있기 때문이다.

이처럼 실질 임금과 실질 수입을 기준으로 할 때, 조선인의 소득은 앞서 본 1인당 소득과 소비지출의 증가만큼 향상을 보이지는 않았으며, 집단별로 차이를 보였다. 성장해가는 근대 숙련 부문의 노동자 임금은 상승했으나 농촌과 도시의 비숙련 노동자 임금은 정체했다. 또 농림어업의 빈농층은 비숙련 노동자와 마찬가지로 소득이 정체했으나 중농 이상의 자영업주층의 소득은 증가했다. 계층 간 소득 분배가 악화되어 비숙련 노동자와 마찬가지로 소득이 정체했으나 중농 이상의 자영업주층의 소득은 증가했다. 계층

간 소득 분배가 악화되어 비숙련 노동자 대중은 경제성장의 효과를 제대로 누리지 못했다. 그렇지만 그들의 생활수준이 악화되었다고까지는 말하기 어렵다. 그저 개선이 없는 정체 상태일 뿐이었다. 숙련 노동자와 농림어업 자영업주까지 포함한 전체 대중의 소득 수준은 향상되었다.[16]

위 글에서 알 수 있듯 주익종은 식민지 시대 경제성장이 조선인 숙련 노동자와 농림어업 자영업주층에게는 일정한 소득 증대라는 성장 과실로 돌아갔으며, 비숙련노동자와 빈농층의 소득은 증대하지는 않았지만 악화가 아니라 단지 소득이 정체된 상태였다고 주장한다. 이는 결국 식민지 공업화가 서민들에게도 일정한 소득 증대 효과를 보였다는 말이다.

그런데 여기서 주익종이 비숙련노동자와 빈농층의 생활수준이 정체 상태에 머물게 된 원인을 설명하는 방식을 주목해야 한다.

비숙련 노동자군의 임금이 정체했던 이유는 무엇일까. 바로 노동 시장의 탓이었다. 농업 노동시장과 도시 비숙련노동시장이 사실상 통합되어 있어서 도시 비숙련 부문의 임금은 농업 부문의 임금 수준에 따라 연동했다. 이 농업 부문의 임금은 농업 노동의 수급 상황에 따라 결정되었는데, 신품종이라든가 새로운 경종법, 화학 비료, 수리시설 등 생산성을 향상시킬 요소들이 잇달아 도입되고 있었으나 노동 공급이 증가하여 농업 부문의 생산성, 그리고 임금

은 하락했다.[17]

주익종은 당시 비숙련 노동자와 농업 노동에 따른 소득이 정체한 이유를 노동 시장의 성격이라는 경제적 요소에서 기인한다고 본다. 노동 인구가 증가해 노동 시장에 노동이 과잉 공급되는데 비해 생산성이 이를 따라가지 못했기 때문이라고 한다. 그의 말대로 노동 시장에 노동 인구가 과잉 공급되면 임금이 하락하는 것은 너무나 자명해 더 이상 할 말이 없을지도 모르겠다.

이에 따라 인구는 가히 폭발적으로 증가했다. 인구의 자연 증가율은 그때까지 연간 0.2~0.3퍼센트에서 2퍼센트대로 무려 7~10배나 속도가 빨라졌다. 그리고 이것이 곧바로 심대한 사회경제적 변화를 불러일으켰다. 다른 부문에서는 노동력 증가를 수용할 준비가 되어 있지 않았기에 증가한 노동력은 농업 부문에 머물렀다. 그런데 농업에서 자본 축적 및 기술 진보가 미흡했기 때문에 노동 생산성이 하락했다. 그로 인해 1920년대 비숙련 노동자의 임금이 낮아지고 소득 분배도 악화되었다. 임금 정체는 과잉 인구의 국외 배출 압력을 높여, 1920~1930년대에 일본과 만주로 대거 이민이 발생했다.

따라서 이러한 임금 정체와 소득 분배 악화 현상은 일제하에서 경제성장이 없었거나 기형적이거나 부실했다는 것을 뜻하지 않는다. 그것은 근대 경제성장이 진행되는 가운데, 근대 의학 및 공중 보건 제도의 전면적 도입에 따라 갑작스럽게 사망률만 낮아져 인구 구조 및 노동시장의 균형이 깨진 결과일 뿐이었다. 비숙련 노동자 집단의 소득 향상이 뚜렷하지 않았던 것은 전통 조선 사회가 근대 세계에 개방되어 근대 사회로 재편되는 과정에서 생겨난, 근대 경제성장의 불가피한 부산물이었다.[18]

위 글에서 보듯 주익종은 일제시대에 근대 의학과 공중보건 제도가 도입되면서 출생률은 그대로인데 사망률이 낮아져서 인구가 급격하게 증가했다고 주장한다. 이에 일할 사람이 노동 시장으로 대거 몰리게 되었는데 조선의 공업화가 충분히 이뤄지지 않아서 이들을 충분히 흡수할 일자리가 충분하지 않았다고 한다. 그리고 노동 형태도 도시에서 노동자로만 살아가는 사람은 그리 많지 않았고, 많은 사람이 농촌에서 일하면서 농한기를 이용해 도시에 와서 일해 생계를 유지했다고 한다. 이것이 주익종이 말하는 농업 노동 시장과 도시 비숙련 노동 시장의 통합이다. 통합된 노동 시장에서 일할 사람은 넘치고 일자리는 부족하기 때문에 임금 수준이 형편없는 것은 당연한 귀결이다. 주익종이 보기에 식민지 시대 비숙련 노동자와 농민의 소득 정체는 결국 일제의 착취와 수탈 때문이 아니라 당시 노동력 과잉 공급이라는 시장적 요인에 기인한다. 이런 설명은 시장과 경제를 절대화하는 자유주의 시장경제주의자의 입장에서는 당연할지도 모른다. 이들에게 세상이란 언제나 시장과 경제적 요인에 의해서만 움직이는 곳이다.

이들이 신봉하는 시장은 과연 '보이지 않는 손'이라는 경제적 요인에 의해서만 움직일까? 과연 주익종이 주장하듯 식민지 시대 비숙련 노동과 농업 노동의 소득 정체가 과연 노동력 공급 과잉이라는 시장적 요인에서만 비롯할까? 사실 노동 시장에서 임금을 결정하는 주요한 요인은 노동의 수요와 공급 작용이다. 그러나 시장적 요인만이 임금을 결정하지는 않는다. 가령 노동시장에서 남성과 여성은 동일한 일을 하더라도 남성이 여성보다 임금을 많이 받는 경우가 있는데, 이를 노동시장에서 성차별이라 한다. 이는 임금을 결정하는 데 단지 시장적인 요인만이 아니라 시장 외적인 요인도 작동한다는 사실을 의미한다. 이런 외적 요인으로 어떤 것이 있을까? 현재 우리의 현실을 생각해 보자. 예컨대, 우리는 학력 간 임금차별과 장벽을 뼈저리게 느낀다. 학생들은 더 좋은 대학을 진학하기 위해 치열한 경쟁 속에 뛰어든다. 노조로 조직된 노동자와 조직되지 못한 노동자 사이에도 임금 차이가 존재한다. 조직된 노동자들은 집단의 힘을 통해 임금 인상을 추구하지만 비조직 노동자는 기업주의 선심(?)에 기댈 수밖에 없는데, 기업주는 대체로 임금 인상에 부정적이기 때문에 두 노동자 사이에 임금 차이가 발생한다. 현실에서 임금 격차를 가장 크게 느끼는 사람은 아마도 외국인노동자일 것이다. 이들은 외국인이라는 신분 때문에 임금 차별만이 아니라 온갖 차별과 멸시를 받고 있다. 이들은 자신이 노예가 아님을 피맺힌 절규를 통해 보여준다. 이들이 차별과 멸시를 받고, 임금을 적게 받는 이유는 단 한 하나, 외국인이라는 이유뿐이다. 임금을 결정하는 요인이 단지 시장적 요인만이 아님을 현실은 너무도 똑똑히 보여 주고 있다.

식민지 시대도 마찬가지다. 일제시대 임금을 결정하는 가장 중요한 요소는 바로 일본인이냐, 조선인이냐는 사실이다. 일본인들은 1등 신민으로 좋은 대우를 받았다. 이들은 대체로 숙련 노동자이거나 현장 감독 같은 관리직을 독차지했으며 임금도 조선인 노동자의 두 배 가까이 받았다. 그런데 이는 조선인 남성과 일본인 남성 노동자 사이의 이야기다. 사실 여기에 여성과 남성이라는 성별이 추가되면 임금 격차는 더 커진다. 조선인 여성은 일본인 남성 노동자 임금의 4분의 1도 채 받지 못했다. 조선인 여성은 일본인이 아니고, 남자도 아니기 때문이다. 식민지 시대 임금을 결정하는 요인을 단지 수요-공급 법칙이라는 경제적 요인으로만 설명할 수는 없다. 이러한 점에서 식민지 시대 농업 노동자의 소득 정체를 단지 노동시장의 노동력 과잉 공급 탓으로만 보는 것은 결국 '수탈론'이 주장하는 식민지 시대의 착취적 이미지를 걷어 내 식민지 시대의 삶을 왜곡하는 꼴이다.

사망률이 떨어져 인구가 폭발적으로 증가했고, 이 때문에 농업 노동시장에서 노동 인구가 과잉 공급되었다는 주장도 매우 과장되었다. 주익종은 당시 일제의 근대 의학과 공중 보건 제도를 도입함으로써 영유아 사망률이 낮아져 인구가 증가했다고 추정한다. 그러나 설혹 그가 주장하듯이, 영유아 사망률이 낮아져 인구가 증가하고 노동시장에 노동력이 과잉 공급되었다고 하더라도 이는 상당한 시간이 필요하다. 일제가 근대 의학과 공중 보건 제도를 도입해 영유아 사망률을 떨어뜨리려면 보건 제도가 상당히 정비되어야 하는데, 마찬가지로 시간이 필요하다. 그리고 공중 보건 제도가 정착되어 영유아 사망률이 낮아졌다고 하더라도 이들 영유아가 노동 시장에 본격적으로 유입되려면 적어도 10대 중·후반이 되어야 한다. 그렇다면 이들이 노동시장에 본격적으로 유입되어서 노동력이 과잉되려면 적어도 1920년대 후반이나 1930년대 초쯤에나 가능하고, 그 이전에는 영유아 사망률 저하가 노동시장에 미치는 영향이 그리 크지 않았을 것이다. 물론 1920년대 후반에 일정한 영향을 미쳤다고 하더라도 1920년대 후반과 1930년대 전반기에 한정시켜 제한적으로 이해해야 한다.

일제는 1937년 중일전쟁 이후 국가총동원령에 따라 일본인 남성을 전장으로 동원했다. 그리고 조선인들도 처음에는 지원병 형태로, 나중에는 강제 징집의 형태로 동원되었다. 또 전쟁터로 동원되는 일과는 비교할 수 없을 정도로 많은 사람이 일본 등 해외로 징용되었다. 국가총동원령에 따른 징병과 징용으로 노동시장에서 노동력 공급 과잉 문제가 해소되었다. 또한 1930년대 이후 식민지 공업화가 어느 정도 진전됨으로써 농촌 노동력이 공업 부문으로 흡수되는 일도 1920년대보다는 더 많아졌을 것이다. 이런 점들을 고려한다면, 농업 노동력의 과잉 공급으로 조선인 노동자의 소득 정체를 설명하는 데는 한계가 있다.

여기서 식민지 도시의 비숙련 노동시장과 통합된 농업 노동자의 삶이 농업 노동의 주종은 아니었다는 점을 주목해야 한다. 당시 많은 농민은 총독부가 1910년대 실시한 '토지조사사업' 이후 식민지 지주 제하에서 '계약적 소작농' 신세로 전락했다. 물론 몇몇 농민은 농촌에서 자신의 품을 팔거나 농한기에 도시로 나가 비숙련 노동자로 살아가기는 했으나 대부분은 소작농이었다. 소작농들도 농한기에 도시에 나가서 품을 팔아 부족한 수입을 보충하였을 것이다. 그러나 이들은 기본적으로 소작농이었고, 이들의 고통은 인구가 과잉되어서가 아니라 식민지 지주의 착취와 억압 때문이었다. 이들은 자유주의 시장경제주의자들이 이해하듯 노동력의 과잉 공급이 아니라 지주들의 온갖 멸시와 수탈 등에 고통을 받던 사람들이었다.

암태도의 소작농민들은 1923년 8월 추수기를 앞두고 서태석의 주도로 소작인회를 조직하고 지주 문재철에게 8할에 가까운 소작료를 4할로 내려줄 것을 요구하였다. 그러나 문재철은 농민들의 요구는 들어주지 않고 관과 경찰의 힘만을 믿고 마냥 세게만 나왔다. 이에 소작인들은 추수를 거부하고 소작료 불납 동맹을 결성해 본격적인 쟁의에 돌입하였다. 한편, 문재철 부친 송덕비를 파괴하고 문씨 일족 청년들과 농민들 사이에 난투극이 벌어졌는데, 이를 빌미 삼아 경찰이 소작회 간부들만 대거 구속하자 농민들의 분노는 걷잡을 수 없이 불타올랐다. 1924년 두 차례에 걸쳐 열흘 남짓, 남녀 노소 6백여명의 농민들이 목포 경찰서와 재판소 앞에서 단식 투쟁을 하였다.[19]

1923년 전라도 신안의 암태도에서 일어난 소작쟁의를 역사적 배경으로 하여 쓴 글이다. 식민지 지주제와 농민들의 실상을 적나라하게 보여 준다. 지주 문재철은 8할에 가까운 소작료를 거둔 악덕 지주다. 물론 문재철과 같은 악독한 지주가 그리 흔하진 않았을 것이다. 그러나 당시 식민지 지주제하에서 50퍼센트가 훨씬 넘는 고율 소작료는 일반적이었다. 소작농들은 뼈 빠지게 농사를 지어 봤자 생산물의 절반 이상을 지주에게 갖다 바쳐야 했다. 소작농은 단지 땅이 없다는 이유로 고율의 소작료을 감내해야 했다. 이런 지주의 착취에 맞서 소작농들은 소작인회를 조직해 대항했다. 추수를 거부한다든지, 소작료를 다함께 내지 않는다든지 하는 방식으로 지주에 맞섰다. 그러나 식민지 지주들에게는 든든한 배경이 있었다. 식민지 관청과 경찰이었다. 식민지 지배기구인 관청과 경찰 들은 항상 지주 편이었다. 예나 지금이나 관청과 경찰은 힘없는 사람보다는 힘 있는 세력의 편을 드는 경우가 허다하다. 당시 일본 경찰은 악독한 문재철의 소행엔 눈감고, 소작인 간부들만 구속함으로써 자신의 역할에 충실했다. 지주들이 고율의 소작료로 마음껏 농민을 착취할 수 있던 든든한 배경엔 일제 식민 기구가 있었음을 보여 준다. 당시 식민지 지배기구는 바로 식민지 지주제를 유지하는 데 없어서는 안 될 존재였다. 그런데 일제의 식민 지배기구가 직접 지주로 기능하기도 했다는 사실을 주목해야 한다. 당시 조선인을 수탈하는 상징적 기구인 '동양척식주식회사'는 식민지 지배기구이자 당시 식민지 조선의 최대 지주로서 조선인들을 수탈했다.[20] 어쨌든 거의 모든 농민이 소작농인 현실에서 이들이 식민지 지주제 때문에 고통을 받았다는 사실은 부정할 수 없다.

자유주의 시장경제주의자들이 식민지 상황을 설명하는 방식은 1920년대 시작된 '산미증식계획'을 다루는 데서도 명확하게 드러난다.

> 증산된 쌀의 상당 부분은 일본으로 수출되었다. 1910년대 후반에 비해 1930년대 연평균 쌀 생산량은 700만 석 가량 증가했는데, 그 가운데 570만 석이 일본으로 수출되었다.
>
> 쌀의 생산이 늘어난 데에는 쌀값이 다른 물가보다 더 많이 올랐다는 시장 요인도 중요하게 작용하였다. 농민과 지주는 다른 농사보다 수익성이 좋은 쌀농사에 주력하였다. 농민들은 산미증식계획의 지원을 받지 않고서도 자발적으로 수리시설을 개량하였다.[21]

뉴라이트 학자들의 야심작인 '대안교과서'에 나타난 산미증식계획과 관련된 위 설명을 보면, 산미증식계획이 마치 조선인에게 엄청난 기회를 제공한 것처럼 보인다. 산미증식계획 이후 일본으로 쌀을 수출하라는 요구가 늘어 쌀 가격이 상승했는데, 이 덕분에 조선인 농민과 지주가 쌀 수출을 통해 부를 축적할 수 있는 기회를 제공했다는 주장이다.[22] 이 주장에는 산미증식계획이 일본 국내의 쌀 수요 증대라는 일본의 필요에 따라서 시작된 사업이라는 사실이 없다. 식민지시대 조선은 자신의 필요가 아니라 일본의 필요에 따라서 경제구조를 재편했기 때문에 자신에게는 불필요한 자원 배분을 강요당했다.

이는 당연히 조선인의 희생과 고통을 강요하는 형태로 나타난다. 그러나 뉴라이트 학자들에게 이런 사실은 눈에 들어오지 않는다. 단지 쌀 가격 상승이라는 시장적 요인 덕분에 조선인이 쌀 증산을 통해 상당히 이득을 보았다는 사실밖에 없다.

산미증식계획은 1차 세계대전 이후 일본 국내에 쌀이 부족해져 대규모 폭동이 일어나자, 이에 대응해 조선을 일본의 안정적인 식량 공급기지로 만들기 위해서 실시했다. 이에 조선총독부는 수리시설 확보, 종자 개량, 토지 개량 등을 실시해 식량 증산을 꾀했다. 조선에서 식량 생산이 늘면, 이는 조선인에게도 좋은 일일 테지만 실제로는 그렇지 않다. 증산된 식량의 대부분이 일본으로 이출되었기 때문이다. 아니 증산량 이상의 식량을 가져갔다. 물론 뉴라이트의 말처럼 증산량만큼 쌀 가격 상승이 생겨 이득을 보는 사람도 있을 수 있다. 그러나 산미증식계획에 따른 결과는 조선의 식량 사정 악화로 나타났다. 일본은 조선의 쌀 부족을 메우기 위해 만주산 잡곡을 수입해 조선인에게 공급했지만 근본적인 해결책은 아니었다. 당연히 이런 식량 사정 악화를 조선인들이 원하진 않았다. 일본의 필요를 충족하기 위한 경제구조 재편 과정에서 벌어진 일이다. 고통은 조선인의 몫이었다.

일본으로 쌀 수출이 늘어나 쌀 가격이 상승해서 이득을 본 사람이 누구인지를 주목해 보자. 쌀 가격 상승으로 이득을 본 사람은 지주계층(일본인 지주 포함)이었다. 이 사실은 자유주의 시장경제주의자인 김낙년도 인정했는데, 당시 일본으로 쌀을 수출할 수 있는 계층은 주로 지주들이었다. 고율의 소작료를 내고 나면, 소작농에게 시장에 내다 팔 여유분의 쌀이 있을 리 만무했다. 물론 일부 자영농은 시장에 쌀을 내다 팔 쌀을 보유할 수 있었지만, 지주와는 비교할 수 없다. 지주들은 소작료로 걷은 거의 모든 쌀을 시장에 내다 팔았고, 일본에 수출하는 쌀 가격의 시세가 좋다면 상당한 돈을 만졌을 것이다. 오히려 이렇기 때문에 지주들은 소작농에게 소작료를 더 많이 걷기 위해 열을 올렸다. 왜냐하면, 소작료를 많이 걷을수록 더 많은 쌀을 시장에 내다 팔아 더 배를 불릴 수 있기 때문이다. 이런 점에서 지주들이 소작농을 착취한 배후에는 산미증식계획이 도사리고 있다고 할 수 있다.

나아가 산미증식을 위한 여러 사업 때문에 수많은 농민이 고통받았다. 그중에서 수리조합비가 큰 문제였는데, 일제는 수리시설을 확충한다는 명목으로 농민들을 반강제적으로 수리조합에 가입시켰다. 이를 거부하면 물 사용을 할 수 없기 때문에 농민들은 어쩔 수 없이 수리조합에 가입해야 했다. 조합원 자격을 유지하기 위해 농민들은 수리조합비를 납부해야 했는데, 가난한 농민들 중에는 이를 감당하기 어려운 사람들이 많았다. 이들에게 조합비는 고스란히 빚이 되었고, 빚을 갚기 위해 농민들은 그나마 가지고 있던 자그마한 땅도 지주들에게 헐값에 넘겨야 했다. 이처럼 산미증식계획은 소수의 지주와 일부 자영농을 제외한 대부분의 조선 농민에게는 기회가 아니라 고통스런 현실이었다.

이상에서 살펴보았듯 자유주의 시장경제주의자들은 식민지 조선의 고통스런 현실에 대해서는 눈을 감고, 시장경제가 도입되고 공업화가 되면서 식민지 조선인에게 기회의 신천지가 열린 것처럼 묘사한다. 야만에서 문명사회로 전환되는 시기에 살던 사람들의 고통스런 현실이란 이들이 받아들이기 힘든 일인지도 모른다. 문명사회로 진입하는 식민지 조선인의 삶은 이전보다 훨씬 개선되었고 행복해야만 한다. 식민 지배로 인해 조선인이 더 진보하고 행복한 삶을 향유했다는 이미지를 만들어 내는 것이 이들의 목표다. 그러나 이 목표는 앞에서 본 것처럼 결국 실패했다. 식민지라는 현실은 가리고, 시장경제와 공업화만을 내세워 모든 것을 경제로만 설명하는 이들의 방식은 식민지를 살던 사람들의 삶과는 별로 상관이 없다. 단지 이들의 설명에 부합하는 존재가 있다면 식민지 공업화와 식민지 지주제로부터 이득을 얻은 계층인 기업주와 지주 들뿐이다. 사실 식민지가 모든 사람에게 고통을 주진 않았다. 이로부터 이득을 본 사람들도 있다. 기업주와 지주 들은 문명사회로 진입한 시기에 이득을 본 계층으로, 친일파가 이 계층에 유독 많다는 사실은 우연이 아니다. 뉴라이트의 식민지 예찬은 바로 이 계층만을 대변하고 있을 따름이다. 어떤 이의 행복이 많은 사람의 고통과 불행을 바탕으로 한 비극적 행복이었음을 이들은 보지 않는다.

친일파의
화려한 부활을 꾀하다

앞에서 살펴보았듯이 자유주의 시장경제주의자들은 식민지 시대를 미화한다. 식민지 시대는 야만에서 문명사회로 진입하는 시기였기 때문에 사람들이 이전보다 행복한 삶을 살았다고 주장한다. 이들의 이런 생각에 비춰 보면, 이들이 친일파를 옹호하는 이유도 알 수 있다. 친일파는 일제가 조선에 시장경제를 도입하고 공업화를 이룩하는 데 협조한 세력으로 식민지 조선에서 문명인을 대변했다. 나아가 시장경제와 공업화라는 문명화에 기여한 친일파는 해방 후 남한에서 시장경제를 수호하고 이에 기초해 공업화를 이룩하는 데도 기여했다. 이런 점에서 이들은 친일파에게 어느 정도 과오는 있을지는 모르나 대한민국 경제 건설과 자유 시장경제의 초석을 놓는 데 큰 역할을 했다는 점에서 친일파들을 오히려 높이 평가해야 한다고 주장한다.

> 인구의 절대 다수에게 1919년 3·1운동 당시 그렇게도 강렬했던 독립의 희망은 일본의 군사력이 성장하면서 점차 소멸되어, 1930년대가 되면 희미한 기억에 불과하게 되었다. 아마도 소수의 헌신적이고 정치적으로 활동적인 민족주의자들을 제외하면, 1945년에 급작스럽고도 예기치 않게 독립이 찾아오기 전까지 일제 통치가 종식될 것이라는 생각을 품을 수 있었던 이들은 극소수였을 것

이다. 그 반면에 식민주의와 군국주의는 누구라도 생업을 꾸려나가기 위해서는 적응할 수밖에 없는 엄혹한 일상적 상황이었다. 자연히 대부분의 조선인들은 개인적인 배경과 성향과 재능에 따라 식민 체제에서 이용할 수 있는 그 어떤 출세의 기회라도 붙잡으려고 했다. 역설적이게도 예전에는 없었던 이러한 기회의 문이 열린 것은 1930년대였다. 전쟁 준비와 총력전 체제는 한반도에 공업화를 야기했을 뿐만 아니라 그 속에서 현재까지 지속되고 있는 사회적 변화 과정을 가속화시켰음은 물론이요, 몇몇 경우에는 아예 그러한 변화를 유발시키기까지 했던 것이다.[23]

카터 J. 에커트(이하 에커트)의 이 글은 친일파를 옹호하는 생각의 일단을 잘 보여 준다. 우선 그는 1930년대 이전과 이후 상황을 구분한다. 1930년대 이전에는 3·1운동에서 볼 수 있듯 조선인들이 독립에 대한 희망을 가지고 살았다. 그러나 1930년대 이후에는 그런 희망이 완전히 좌절되고, 소수 민족주의자들을 제외하고는 거의 모든 조선인에게는 독립이 불가능한 현실이 되었다는 주장이다. 그는 이런 좌절감 때문에 식민지 조선인들이 어쩔 수 없이 식민주의와 군국주의를 받아들이게 되었다고 주장한다. 그런데 현실을 수용한 조선인에게 일제의 전쟁 준비와 총력전체제는 역설적이게도 조선인에게 출세의 기회를 제공했다는 사실이다. 그는 또 이런 상황에서 친일파들이 일제의 침략전쟁에 조선인들이 적극 동참할 것을 독려한 이유를 이해할 수 있고, 당시 많은 조선인이 일제의 침략전쟁에 동참했는데, 이런 점에서 일본과의 협력이 친일파만의 특별한 행동은 아니라고 주장한다. 오히려 독립에 대한 절망감에 빠져 있는 조선인에게 전쟁에 적극 동참해 출세의 기회를 잡으라고 한 것은 시대적 감각에 합당한 행위였다는 것이다. 이런 주장은 친일파의 행위에 면죄부를 부여하고 심지어 동정심까지도 불러올지 모른다. 그러나 과연 이런 주장을 통해서 친일파에게 면죄부를 부여할 수 있을까?

당시 많은 조선인이 침략전쟁에 자발적이든 비자발적이든 동참했다. 1937년 중국을 전격적으로 침략해 중일전쟁을 일으킨 일제는 전쟁에 국민을 동원하는 '국가총동원령'을 1938년에 내렸다. 총동원은 두 방식으로 이뤄졌다. 하나는 전쟁터로 사람을 직접 동원하는 것인데, 지원병을 받기도 했지만 주로는 징병 형태로 강제 동원했다. 다른 하나는 전쟁터로 성인 남성을 주로 동원했기 때문에 부족해진 산업현장의 노동력을 보충하기 위해 징용 형태로 노동력을 동원하는 것이다. 국가총동원령의 일차적 대상은 일본 국민이었으나 식민지 조선인도 예외는 아니었다. 군대로 동원하는 방식에선 조선인이 총부리를 일본으로 향할 것을 우려해 초기에는 지원병 형태로 엄격하게 시행했다. 그러나 전쟁이 막바지에 다다르자 다급해진 일제는 징병제를 통해 강제 동원했다. 노동력을 징발하는 징용은 수많은 조선인을 일본뿐 아니라 사할린 같은 먼 이국까지 동원해 강제노역이라는 고통에 몰아넣었다.

일제의 침략전쟁에 동참한 조선인을 어떻게 이해해야 할까? 조선인들도 침략전쟁에 동조한 책임에서 벗어날 수 없지 않을까? 보통 조선인과 마찬가지로 친일파의 친일 행위도 당시 상황에서 어쩔 수 없는 일로 볼 수 있지 않을까? 그런데 여기서 일제의 침략전쟁에 자발적으로 동참한 일본인에 대해서 어떻게 생각할지 고민할 필요가 있다. 우리는 일반적으로 일본인은 전쟁과 식민지 지배의 가해자로서 책임에서 벗어날 수 없다고 생각한다. 이는 너무도 분명한 진실처럼 보인다. 다른 어떤 이야기도 변명처럼 들릴 것이다. 그런데 문제는 그렇게 단순하지 않다. 일본인과 침략전쟁과의 관계를 생각해 보면, 조선인들이 침략전쟁에 동참한 문제를 풀 실마리도 보일 것이다.

가미카제 특공대에서 알 수 있듯 일본인들은 천황을 위해 기꺼이 자신의 목숨을 초개草芥처럼 버렸다. 일본인들은 자신의 죽음이 '대동아공영권' 실현이라는 이상향을 위한다고 믿었다. 그러나 아시아인들의 꿈의 낙원에 대한 이상향은 아시아인에게 끔찍한 재앙이었다. 대동아공영권 실현은 단지 아시아인만이 아니라 일본인 자신도 파멸의 구렁텅이로 몰아넣었다. 누구는 전쟁터에서 죽었고, 수많은 사람이 총력전을 위해서 엄청난 희생을 감내해야 했으며, 어떤 이는 핵폭탄의 위력을 직접 체험해야 했다. 이런 측면에서 보면 일본인은 군국주의 전쟁의 가해자이면서 동시에 희생자이기도 하다. 대동아공영권은 일본인들에게는 위대한 일본 제국이라는 낙원을 건설하는 것이었으나 결국 아시아인들만이 아니라 자신들도 파멸의 나락으로 빠뜨렸다. 이런 점에서 일본인들은 자신의 행위를 반성해야 한다. 이런 역사적 반성을 바탕으로 자신들이 고통으로 몰아넣었던 아시아인들에게 사죄하고 배상해야 한다. 그래야만 다시는 낙원의 이름으로 자신을 파멸로 몰아가는 과거의 잘못을 저지르지 않을 것이다.

모든 일본인이 가해자이면서 희생자일까? 그렇다면 일본이 다른 나라에 사죄하고 배상하는 것으로 모든 문제는 해결될 것이다. 그러나 과연 그럴까? 결단코 그렇지 않다. 침략전쟁을 기획하고 실행한 책임 있는 위치에 있는 자들, 그들은 과연 누구일까? 아시아인들만이 아니라 자기네 국민들까지도 파멸로 몰아간 그들은 누구일까? 이들은 침략전쟁 당시 천황을 중심으로 한 전범 세력들이다. 이들은 희생자가 아니라 가해자이며, 전쟁에 대한 책임을 물어 처벌받고 역사의 뒤안길로 사라져야 할 세력이다. 이들은 과연 처벌받았을까? 안타깝게도 이들 전범 세력은 완전히 처벌되고, 일소되지 못했다. 전범의 구심인 천황제도가 아직도 우리 눈앞에 버젓이 살아 있는 것을 보고 있지 않은가. 일제가 패망한 다음 '맥아더'가 이끈 미군정은 소련의 팽창을 우려한 나머지 전쟁에 책임을 져야 할 사람들에게 면죄부를 주었다.[24] 일본을 소련 봉쇄의 전진기지로 활용하기 위해 전범의 일부만 처벌하고 대다수에겐 면죄부를 주었다. 이에 기고만장해진 이들은 자신들의 행위가 잘못되었음을 시인하거나 자신이 고통을 가한 사람들에게 사죄하고 배상하는 일에 아무런 관심이 없다. 죄지은 자에게 벌을 주지 않으면, 그들은 자기 잘못을 전혀 알지 못하고, 오히려 뻔뻔하게 자신들이 고통을 준 사람들을 힐난하는 법이다.

전쟁에 동참한 평범한 일본인과 전쟁을 기획하고 실행한 전범을 다르게 취급해야 한다. 이는 침략전쟁에 참가한 조선인을 어떻게 이해해야 하는지에 관한 근거를 제공해 준다. 만약 조선인들이 정말로 자발적으로 전쟁에 동참하고, 그 전쟁을 통한 과실을 얻어야겠다고 생각했다면, 이는 정말로 깊이 반성해야 하고, 동포에게 사죄해야 한다.

> 조선해상화재의 상담원 김예원이 전쟁 초기인 1938년에 예언적인 논조로 쓴 글을 회고해보면 인상적이다. "일단 전쟁이 (일본의 승리로) 끝나면, 우리 조선인도 화베이, 화중, 화난 지역으로 진출하여 어부지리로 막대한 이익을 얻을 수 있으리라 생각하는 것은 어려운 일이 아니다."[25]

아마도 김예원의 이런 바람은 전쟁의 밑바탕에 깔린 욕망일 것이다. 당시 거의 모든 일본인은 이런 욕망을 실현하기 위해 전쟁에 동참했을 것이다. 물론 이런 욕망을 꿈꾼 사람 중에는 조선인도 있었고, 적극 동참했을 것이다. 이런 조선인들은 깊은 반성과 더불어 동포에게도 자신의 욕망에 대해 사죄해야 한다. 그러나 일본인과는 달리 조선인들 중에 이런 욕망을 가진 사람은 그리 많지 않았을 것이다. 오히려 많은 조선인은 전쟁에 어떤 식으로든 강제 동원을 당한 희생자들이다. 그렇지만 침략전쟁에 강제 동원을 당한 사람들도 역사적 반성을 해야 할 필요가 있다. 비록 강제였지만 수많은 사람을 고통과 파멸의 나락에 빠뜨린 침략전쟁에 동참했기 때문이다. 물론 희생자의 반성은 가해자와는 다르다. 오히려 희생자의 반성은 자신의 희생에 대한 일제의 사죄와 보상 요구로 나타나야 한다. 왜냐하면 사죄와 보상 요구가 일본의 역사적 책임을 분명히 하고 다시는 자신과 같은 희생자가 없기를 바라는 역사적 책임의식의 발로이기 때문이다. 이것이 희생자인 조선인이 해야 할 역사적 반성의 진정한 의미다. 과거의 일을 반성하는 일은 다시는 같은 잘못을 범하지 않겠다는 의지를 표명하는 인간의 매우 숭고한 행위임에 틀림이 없다.

친일파들의 행위도 일반 조선인들과 같이 취급해야 할까? 이들의 역사적 반성도 희생자로서의 반성이며 가해자로서 아무런 책임이 없는 걸까?

> 아시아의 세기적인 여명은 왔다. 영미의 독아에서 일본군은 마침내 신가파(싱가폴)를 뺏어내고야 말았다. (중략)
>
> 얼마나 기다렸던 아침이냐 동아민족은 다같이 고대했던 날이냐 오랜 압제 우리들의 쓰라린 추억이 다시 새롭다. 일본의 태양이 한번 밝게 비치니 죄악의 몸뚱이를 어둠의 그늘 속으로 끌고 들어가며 신음하는 저 영미를 웃어줘라. (중략)
>
> 우리들이 내놓은 정다운 손길을 잡아라. 젖과 꿀이 흐르는 이 땅에 일장기가 나부끼는 한 너희는 평화스러우리 영원히 자유스러우리. (중략) – 노천명, 싱가폴 함락[26]

'모가지가 길어서 슬픈 짐승인 사슴'을 노래한 노천명이 쓴 글이다. 친일파가 어떻게 일제의 침략전쟁을 미화하고 동포들을 침략전쟁으로 몰아넣었는지 잘 보여 준다. 이들은 일제의 침략전쟁이 마치 조선인들을 낙원으로 인도하는 것처럼 속이는 파렴치함을 보였다.

이런 선전은 조선인들에게 침략전쟁에 대한 환상을 심어 주고 자발적으로 동참하도록 유도했다. 친일파의 이런 행위는 일제 식민 지배의 하위 파트너로서 자신의 임무(?)에 충실한 행동이었고, 이런 충성의 대가로 특혜와 안락한 생존을 누렸다. 자신의 지위를 유지하기 위해 동포를 죽음으로 몰아간 일제의 통치 파트너인 친일파는 대다수 동포에게는 민족반역자에 불과하다. 이들은 일본의 전범처럼, 자신들의 역사적 행위에 책임을 지고 당연히 처벌받아야 했다. 그런데 일본의 전범들이 면죄부를 받은 것처럼, 친일파들도 면죄부를 받고 한국 사회의 지배엘리트로 다시 부상한 현실을 보면 일본과 식민지 조선의 역사가 닮았다는 생각에 무섭기까지 하다. 친일파에게 주어진 면죄부가 일본과 마찬가지로 미군정에 의해서 뒷받침되었다는 사실은 역사적 진실의 비극이다.

에커트가 1930년대 이후 상황론을 통해 친일파를 비호하는 것은 식민지 시대가 아니라 해방 후 친일파의 역할을 주목하기 위한 전주곡에 불과하다. 에커트에게 침략전쟁이 조선인에게 기회를 제공했다는 주장은 사실 시장경제와 공업화를 예찬하는 에필로그에 불과하다. 그에게 더 중요한 것은 해방 후 남한의 공업화이며, 이런 남한의 공업화가 식민 지배 체제의 유산으로 물려받았다는 사실이다. 그런데 이런 유산 중에서 그가 특히 주목하는 것이 바로 식민지 시대에 형성된 다양한 사회 세력이다. 앞의 글에서 알 수 있듯 그는 1930년대 이후 전쟁으로 인한 공업화가 조선 사회에 준 사회적 영향에 대한 연구에 주력했다. 그가 주장하는 요지는 전쟁이 많은 조선인에게 기회를 제공했고, 이 기회를 통해 몇몇 조선인이 일제 식민 지배의 하위 파트너로 성장했다는 사실이다. 그리고 이들이 해방 후 대한민국을 건설하는 데 주역이었음을 실증하는 것이다. 이로써 친일파는 공적을 인정받아 역사적 과오로부터 자유로운 신분을 획득할 수 있을 것이다.

전통적인 견해와는 달리, 조선인들에게 문호가 완전히 닫혀 있지 않았으며, 제국적인 환경에서 안정된 임기와 상대적인 고임금, 그리고 상당한 위신까지 따라오는 일본 기업과 관계의 고위직들이 조선의 교육받은 엘리트들을 많이 유인했다. 돌이켜보면, 이러한 지위는 1960년대 남한의 공업화를 계획하고 추진한 많은 이들에게 중요한 훈련의 토대가 되었다. 이러한 측면에서 관직도 민간 회사들에서 근무하는 것 못지않게, 아니 그보다 훨씬 더 중요했다고 할 수 있는데, 왜냐하면 1930년대의 공업화는 1960년대의 공업화와 마찬가지로 정부에 의해 주도 되었고, 공사公私 양 부문의 매우 밀접한 상호작용 속에서 이루어졌기 때문이다.[27]

에커트는 식민지 시기 기업과 관청의 고위직에 있던 사람들이 남한의 공업화를 계획하고 추진하는 중심 세력임을 밝힌다. 물론 에커트의 연구는 기업과 관계의 고위직에만 그치지 않는다. 전쟁으로 인해 일본인이 빠져나간 자리에서 일부 조선인 노동자가 숙련노동자가 되거나 기술자 그리고 공장 관리자가 되었고, 이들이 남한 경제

개발의 인적 토대가 되었다고 주장한다. 병사들과 장교들,[28] 일제가 제국주의를 확장하는 과정에서 만주와 중국 등지로 진출한 많은 기업가와 전문직 종사자들 그리고 만주국에 근무한 사람들도 마찬가지로 인적 자원이 되었다고 본다. 이처럼 식민 지배 체제에 적극 편승한 세력들이 남한의 경제적 성장에 큰 역할을 했다는 주장이다. 사실 이는 부정할 수 없는 역사적 진실일지도 모른다.

만약 어떤 사람이 살인을 했는데, 그가 사회적으로 큰 공헌을 했다면 그 살인죄는 묻지 않아도 될까? 친일파들이 해방 후 시장경제에 기초한 경제 개발에 지대한 공헌을 했기 때문에 식민지 시대에 그들이 저지른 역사적 범죄는 그냥 없어지는 걸까? 그런데 우리는 친일파들이 남한 경제성장에 기여할 수 있던 것이 친일파들의 역사적 범죄를 단죄하지 못했기 때문이라는 역설적 진실을 볼 수 있다. 물론 일제시대 식민 지배 체제에서 하위 파트너로 식민통치에 동참한 모든 사람을 배제할 수는 없다. 그들 중 많은 사람은 해방 후 새로운 사회 건설에 동참했을 수도 있고 적극 동참할 필요성도 있다. 그러나 이들이 동참하는 데는 전제조건이 있어야 한다.

엄밀히 생각하면, 친일 행위를 했다고 모두 똑같은 잘못을 저지른 것은 아니다. 원래 죄에는 가벼운 것도 있고 무거운 것도 있는 법이다. 식민 통치의 하위 파트너로 참여한 사람들도 죄질이 모두 똑같지 않다. 일반적으로 죄질이 나쁜 사람을 거의 영원히 사회와 격리시키듯 친일파 중에서도 악질적이고 책임이 무거운 사람은 사회로부터 영원히 격리시켜야 한다. 그러나 친일 행위가 그리 악질적이지도 않고, 죄질이 그리 무겁지 않은 사람을 사회와 완전히 격리시킬 필요는 없다. 오히려 이들이 자신들의 행동을 반성하고 동포 앞에 사죄한다면, 그 참회의 눈물을 받아들여 과거의 잘못을 씻을 수 있는 기회를 제공해야 한다. 그리고 그들의 경험과 지식은 새로운 사회를 건설하는 데 상당히 기여할 것이다.

해방 후 친일파들이 자신들의 범죄에 대해서 처벌을 받거나 잘못을 뉘우쳤을까? 불행히도 아니다. 사실 잘못을 하면 반성해야 하고, 범죄를 저질렀으면 처벌받아야 한다. 그렇지 않고 잘못을 한 자가, 범죄를 저지른 자가 오히려 큰소리치고 높은 사회적 지위를 그대로 가진다면 그런 사회만큼 비극적인 사회가 또 있을까?

> 대한민국에서는 1949년 9월 반민 특위가 해산할 때까지 취급한 사건은 682건에 지나지 않는다. 이 중 체포 305명, 미체포 173명, 자수 61명이었으며, 559명이 특별 검찰에 송치되어 221명이 기소되었다. 재판이 종결된 38명 중 사형 1명과 무기 징역 1명을 포함해 징역형이 12명, 공민권 정지 18명, 무죄 6명, 형 면죄 2명이었다. 그러나 이들조차 1950년까지는 재심 청구나 감형, 그리고 형 집행 정지 등으로 모두 자유의 몸이 되었다.[29]

해방 후 친일파를 단죄하는 일은 거의 이루어지지 못했다. 역사적 단죄와 청산에서 벗어난 이들은 오히려 대한민국 지배엘리트로 부상했다. 실제 이승만 정권 시기에 장차관, 경찰국장 등 핵심 요직에 등용된 사람 가운데 80~90퍼센트가 친일 경력을 가진 사람이라고 한다. 이들이 대한민국의 시장경제와 공업화에 큰 활약을 한 것은 당연하다. 그렇지 않다면 오히려 이상하다. 이들은 자신의 범죄에 대한 어떠한 처벌도 받지 않고 식민지 시대보다 더 막강한 힘을 가진 특권계층이 되었다. 이를 보고 보통 사람들은 무엇을 느꼈을까? 악질적인 그들이 처벌받지 못한 것에 애통해 했을까? 아니면 어떻든지 힘 있고 권력을 가진 세력과 결탁하는 것만이 살길이라 생각했을까?

이제 친일파를 청산하지 못한 우리의 역사를 진정 뒤돌아보아야 할 때다. 해방 후 친일파들의 사회적 공헌(?)이 그들이 저지른 식민지 시대의 죄를 덮어 버릴 순 없다. 왜냐면, 해방 후 시장경제와 공업화에 이들이 기여한 것도 이들의 범죄에 면죄부를 준 미군정이 아니었다면, 불가능했기 때문이다. 이들의 공헌은 친일파를 청산하지 못한 역설적 상황을 웅변할 따름이다. 이제 친일파의 역사적 범죄를 범죄 자체로 받아들이자. 죄를 죄라 이야기하는데 더 이상 무엇이 필요할까?

'자유민주주의'의 국부가 된 이승만

앞에서 뉴라이트가 친일파를 옹호하는 것은 결국 해방 후 이룩된 시장경제와 공업화에 대한 절대적 신봉 때문이라는 사실을 확인했다. 이런 이들의 시각은 해방 후 역사를 이해하는 방식에서도 고스란히 묻어난다. 해방 후 역사에 대한 인식 속에서 이들이 진정 꿈꾸는 사회, 즉 이들의 사회의지가 무엇인지 드러날 것이다. 친일파를 두둔하고 식민지 시대를 미화하려는 의들의 의지는 사실 이들이 바라고 꿈꾸는 사회에 대한 의지가 과거에 투영된 것에 불과하다.

자유주의 시장경제주의자들은 해방 후 역사를 자유시장경제체제와 공산주의체제가 대립했다는 시각으로 본다. 이에 이들은 반공을 전면에 내건 독재자 이승만을 자유시장경제의 수호자로, 더 나아가 건국의 아버지로 추앙한다. 이들은 1945년 8월 15일 일제로부터 해방된 '광복절'에 별 의미를 두지 않는다. 이 날은 야만에서 문명사회로 전환한 시기인 식민지에서 벗어난 날이기에 이들의 입장에서는 그 자체로 그리 기쁜 날이 아닐 것이다. 해방이 친일파에게 끔찍한 날이듯 친일파를 두둔하는 이들에게 뭐 그리 특별한 날일 수 있겠는가? 오히려 이들에게 이 날은 기쁜 날이 아니라 미래가 불투명하고, 무엇이 닥쳐올지 모르는 불안한 날일지도 모른다. 이에 비해 1948년 8월 15일은 대한민국 정부가 수립된 날이다. 이 날은 이들에게 두말할 것도 없이 자유시장경제를 공산주의로부터 수호한 날이다. 이에 이들에게 8·15는 식민지로부터 해방된 날인 1945년 8월 15일이 아니라 1948년 대한민국 정부가 수립된 건국절이다. 이들에게 대한민국은 공산주의체제로부터 자유시장경제체제를 수호하는 세력이 건국한 나라로 식민지 시대에 추구한 문명화의 연장선상에 있는 국가인 셈이다.

> 그렇게 본다면, 38도선은 단순히 한반도의 분단을 불러온 것이 아니라, 자유, 인권, 시장 등 인류 보편의 가치가 미국군을 따라 한반도에 상륙한 북방한계를 나타내는 선이었던 것이다.[30]

뉴라이트는 삼팔선이 한반도의 분단을 가져온 체제대결과 전쟁의 비극보다는 한반도 남쪽에 주둔한 미군에 의해 자유시장경제체제가 형성된 사실에 더 가치를 둔다. 사실 이들의 생각처럼, 삼팔선을 경계로 미군과 소련군이 각각 남북을 점령하지 않고, 소련이 한반도 전체를 점령했다면, 한반도는 완전히 공산화되었을 가능성이 농후했다. 일제가 패망하기 직전 이미 한반도에 들어오고 있던 소련은 한반도 전체를 충분히 장악할 수 있었다. 그런데 당시 한반도에서 멀리 떨어져 있던 미국이 삼팔선을 경계로 한반도를 분할 점령해 일본군을 무장해제하자고 제안한 것을 놀랍게도 소련이 받아들였다. 아마도 소련이 미국의 이 제안을 받아들이지 않았다면 한반도에서 자유시장경제체제는 없었을지도 모른다.

역사에는 가정이 있을 수 없다. 삼팔선을 경계로 미군이 남쪽을 점령하지 않았으면 한반도 전체가 공산화되었을 것이라는 추정은 역사적 가정에 불과하다. 이런 가정에 입각해 삼팔선을 분단과 전쟁을 낳은 비극의 출발이 아니라 자유시장경제 질서를 지킨 북방한계선이었다고 주장하는 것은 냉전적 시각을 통해 역사를 이분법적 대립 구도로 몰아가는 일에 불과하다. 그렇게 되면 역사는 자유시장경제체제를 수호하는 세력과 자유시장경제체제를 위협하는 세력으로 구분하는 것에 불과하게 된다.

한반도의 해방은 우리 스스로의 힘으로 이룩하지 못하고 외세의 힘에 의해 주어진 측면이 강하다. 이는 한반도의 운명을 우리 스스로 결정하지 못하고 남에게 좌지우지될 처지에 놓였음을 의미한다. 결국 한반도는 이해관계를 달리하던 미국과 소련의 각축장으로 변했고, 이 과정에서 한반도는 분단과 전쟁이라는 비극을 맞았다. 이런 상황에서 당시 국내 정치세력이 어떻게 움직였는지 엄밀히 평가할 필요가 있다. 그렇지 않고 시장경제체제를 수호한 세력은 선이고 그렇지 않은 세력은 악이라고 규정하고 단죄하려는 태도는 역사를 편협한 흑백논리의 나락 속으로 빠뜨리게 될 것이다.

실제 뉴라이트는 반공주의가 가진 선악론의 이분법적인 사고를 통해 다른 생각의 여지를 없애 버린다. 실제 이들의 이런 사고방식은 반공주의 노선을 통해서 정권을 장악한 이승만과 그와 결탁한 친일파[31]를 긍정하게 하고, 외세의 간섭에서 벗어나 자주적으로 민족국가를 세우고, 분단과 전쟁을 방지하려고 한 세력의 노력은 단지 공산주의를 용인한 악의 무리에 가깝다고 평가해 버린다. 뉴라이트는 현재 남북 간의 화해와 협력 시대에 걸맞지 않게 구시대의 유물에 불과한 남북 대결이라는 냉전적인 사고를 한국 사회에 강요하고 있는데, 이는 이런 역사 인식과 맥을 같이한다고 할 수 있다.

> 이후 1945년 10월 북한에서는 이북5도행정위원회가 설치되었다. 1946년 2월에는 북조선임시인민위원회가 성립되어 이 위원회의 이름으로 토지를 무상으로 몰수하여 국유화한 다음 농민에게 경작권을 배분하는 급진적인 토지개혁을 시행하였다.
>
> 이처럼 사실상 단독정부를 먼저 수립하고 공산주의체제의 건설을 목적으로 사유재산을 몰수하는 돌이킬 수 없는 수준의 토지개혁을 단행함으로써 남북 분단의 단초를 연 것은 북한의 소련군과 그에 협력한 공산주의자들이었다. 앞서 소개한 이승만의 정읍 발언은 국제적으로는 미국과 소련 간의 대립 갈등이 깊어지고, 국내적으로는 이미 북한에서 사실상 단독정부가 수립되어 공산주의 체제를 구축하고 있는 상황에서 남한에서도 불가피하게 그에 준하는 대응을 하여 북한을 공산주의화하고 있는 소련을 비판하지 않으면 안 된다는 뜻으로 올바로 해석할 필요가 있다.[32]

뉴라이트는 이승만이 정읍에서 단독정부를 수립한 일을 옹호한다. 물론 그 근거는 이미 소련의 영향하에 들어간 북한이 사실상의 정부를 준비했기 때문에 불가피하게 남한 단독정부론을 주장했다는 논리다. 그러나 북한에서 '북조선임시인민위원회' 수립을 실제적인 단독정부 수립으로 볼 수 있는가에는 논란의 여지가 있다. 미국은 삼 팔선 이남의 유일하고 합법적인 통치기구로 미군정만을 인정하고, 통치의 편리성을 위해 총독부 기구를 부활해 활용했다. 이에 비해 삼 팔선 이북의 소련은 자신들이 직접 북한 지역을 통치하지 않고 간접 통치하는 방식을 원칙으로 했다. 소군정은 패전국 일본의 식민 통치 기구를 인정하지 않았다. 이에 해방 후 조선인 스스로의 힘으로 조직 한 각 지역의 '인민위원회'를 인정하고 활동을 보장했다. 소련은 각 지역 인민위원회를 기초로 '북조선임시인민위원회'를 구성하고 이를 이용해 삼팔선 이북 전체를 간접 통치한 셈이다. 물론 소련군의 간접 통치 정책이 불간섭 원칙을 고수하지는 않았다. 소련군은 북조선임 시인민위원회 배후에서 조만식 같은 비공산주의자들의 힘을 약화시 키고, 김일성을 위시한 공산주의자들이 정국을 주도할 수 있도록 적 극 후원했다. 이를 통해서 소련은 북쪽을 장악하고 결국 자신들의 영 향하에 북한 정권을 수립할 수 있었다.

뉴라이트가 인식하듯이 당시 북쪽의 북조선임시인민위원회 구 성을 사실상의 단독정부 수립으로 볼 수 있을까? 만약 그랬다면 소 련의 행위가 '모스크바삼상회의(이하 삼상회의)'에서 "미소공동위원회 를 설치해 조선에 임시정부를 수립하고, 5년 기한의 신탁통치를 실 시한다"는 합의를 어기는 행위로 여길 미군정이 강력하게 항의하고, 임시정부를 수립하기 위해 당시 진행하던 '미소공동위원회'를 중단 했을 것이다. 그러나 미군정은 그렇게 보지 않았기 때문에 삼상회의 결정 사항을 이행하기 위해 소련과 함께 '미소공동위원회'를 설치해 회담을 진행했다. 그리고 미군정은 심지어 반탁을 주도하던 우파와 삼상회의를 총체적으로 지지하는 좌파의 대립을 극복해 임시정부를 수립하기 위한 중도 좌파 여운형과 중도 우파 김규식이 주도하는 '좌우합작운동'을 후원했다.

물론 북한의 '북조선 임시인민위원회' 수립을 실질적인 단독정부 수립으로 볼 수도 있다. 재미사학자 이정식은 북조선 임시인민위원회 수립 이후 북한에서 이뤄진 토지개혁과 더불어 중앙은행 설립을 실질적인 정부 수립으로 봐야 한다고 주장한다. 그는 당시 전 세계에서 미국과 소련이 대립하는 과정에서 소련이 이미 내부적으로는 삼상회의 결정과는 달리 북한만의 단독정부 수립을 결정한 상태로 정책을 수행했다고 주장하는데, 이는 상당히 설득력이 있다고 보인다. 또 이정식은 북한에 이미 실질적인 단독정부가 수립되는 과정이었기 때문에 이승만의 단독정부 수립론은 당시 가장 현실적인 노선으로서 이를 긍정할 수밖에 없다고 주장한다.

이승만의 단정 수립 노선과는 다른 차원에서 현실주의 노선을 걸은 사람도 상당히 많았다. 대표적인 인물이 이승만 정권에 의해 사형당한 진보당의 조봉암이다. 그는 미소공동위원회가 결렬된 후 남한만의 단독정부 수립이 결정되자 남북협상을 추진한 김구나 김규식과는 달리 5·10총선거에 적극 뛰어들었다. 현실적으로 통일정부 수립이 불가능해진 상황에서는 일단 총선거에 뛰어들어 정부 수립에 적극 나서야 한다는 생각이었다. 그렇지 않을 경우 친일파 같은 모리

배들이 대한민국정부 수립을 주도할 수 있다고 본 것이다. 일단 정부 수립에 적극 나서서 친일파를 배제한 민주국가를 수립한 이후 북한과 대화에 나서야만 전쟁을 막을 수 있고, 통일정부 수립의 길이 열린다고 보았다. 당시 김구나 김규식 같은 분들이 남북협상이 아니라 이런 현실주의 노선을 걸었다면 대한민국 역사가 어떻게 되었을지 참으로 궁금하다. 물론 역사에는 가정이 없기 때문에 이런 바람은 그저 바람일 뿐이지만 말이다.

이승만이 남한 단독정부 수립을 주장할 당시인 1946년은 통일정부 수립을 통해 분단과 전쟁을 방지하는 일이 완전히 불가능하지 않았다. 그리고 북조선임시인민위원회를 설혹 단독정부 수립으로 본다고 할지라도 이를 이용해 남한 단독정부 수립 주장을 하는 것은 현실주의적이 아니라 민족의 대결과 분열을 조장하는 것에 불과하다. 북조선임시인민위원회를 단독정부 수립으로 본다면, 오히려 북한의 삼상회의 협정 위반을 지적하고 통일정부 수립을 촉구하는 계기로 삼았어야 한다. 그러나 이승만에게 통일정부 수립은 애당초 계획에 없었다고 봐도 과언이 아니다. 이승만에겐 오직 미국식 자유시장경제체제를 수립하고 반공반소 노선을 추구하는 일이 절대 절명의 과제일 뿐 통일정부 수립과 분단 극복은 사실상 의미 없는 이야기다. 물론 이런 노선 추구가 이승만이 권력을 장악할 유일한 길이었다는 점에는 두말할 나위가 없다. 이승만의 이런 노선과 생각은 결국 남과 북의 대결로 치달아 결국 한반도를 전쟁으로 몰고 가는 한 원인이 되었다.

그의 반공주의는 건국과정에서는 단정론으로 나타났다. 이승만은 공산주의의 북한 지배가 돌이킬 수 없게 된 현실에서 남한만의 단독정부라도 수립할 필요성을 역설하였다. 정부가 수립되자 그의 단정론은 곧바로 북진통일론으로 바뀌었다. 결국 이승만은 선건국, 후통일의 2단계로 국민국가의 건설을 구상하였다.

이승만의 북진통일론은 정전을 추구한 미국의 정책과 충돌하였다. 그러나 미국은 이승만 이외의 다른 대안을 찾을 수 없었다. 이승만과 경쟁했던 야당 지도자들은 이승만의 반공주의와 북진통일론처럼 단순명쾌한 논리로 국민을 통합하고 동원할 능력을 결여하였다. 이승만은 미국이 냉전의 전초기지로서 한반도에 걸어 놓은 이해관계를 그가 미국을 압박할 수 있는 지렛대로 활용하는 외교적 수완을 발휘하는 데 당대의 어느 정치가보다 탁월하였다. 그의 북진통일론에 밀려 미국은 애초에 체결할 의사가 없었던 한국과의 상호방위조약을 체결하였다. (중략)

제2차 세계대전 후 독립한 수많은 후진국의 정치적 지도자 가운데 이승만처럼 철저한 자유민주주의 신봉자는 찾아보기 어려웠다. 그의 비타협적 반공주의는 신생 대한민국을 정치적으로 통합하고 동질적 국민의식을 배양하는 데 기여하였다. 하지만 반공의 이름으로 반대파가 탄압되거나 공산주의자라는 이유로 인권이 부정되는 부작용을 피할 수 없었다. 그로 인해 그의 반공주의는 보통사람의 의식 속에서 두려움으로 내면화하기도 하였다. 이러한 부작용에도 불구하고 그는 제2차 세계대전 후 유라시아 대륙의 대부분을 차지한 공산주의 국제세력의 공세로부터 대한민국을 방어하고, 대한민국의 기틀을 자유민주주의와 자유시장경제체제로 올바로 잡는 데 동시대 어느 누구와도 나눌 수 없는 커다란 공훈을 세웠다.[33]

위 글에서 볼 수 있듯, 이승만의 단정론은 결국 북진통일론으로 전환되었다. 이는 어쩌면 당연한 귀결이다. 이승만의 단정론은 반소·반공주의 노선에서 나온 산물이었고, 이에 이승만은 정권을 장악하자 소련과 그 영향하에 있던 북한의 공산정권을 무너뜨리기 위한 북진통일론을 표방했다. 이승만의 북진통일론은 결국 전쟁을 당연시하는 분위기를 만들었다.

물론 전쟁의 분위기를 전적으로 이승만 정권이 만들었다는 이야기는 아니다. 세상사에서 누구만의 일방적인 책임이란 존재하지 않는다. 남북 분단과 전쟁에 대한 책임에는 북쪽의 김일성 정권도 결코 자유로울 수 없다. 소련 후원하에 있던 김일성을 비롯한 북한 정권 참여 세력들은 미소공동위원회가 완전히 결렬되고 한반도 문제가 유엔으로 이관된 이후 북한에 실질적인 국가를 수립하기 위해서 빠르게 움직였다. 그러나 그들은 실질적인 국가 수립 움직임과는 반대로 남한만의 단독선거가 결정된 이후 마치 자신들은 통일정부 수립을 위해 노력한다는 모습을 보이기 위해 남북협상을 추진했다. 그러나 이는 명분에 불과했다. 이들은 남북협상을 이용해 자신들은 분단을 막기 위해 최후의 노력을 다했다는 점만 보여 주면 되었다. 반면 남쪽에 정부를 수립한 세력이 통일정부 수립을 포기하고 단독정부 수립을 추진한 민족분단의 원흉이라는 사실을 드러내면 된다. 이들은 남북협상 이후 남쪽에서 1948년 8월 15일 정부가 수립되자 한 달도 채 지나지 않은 9월 9일에 정권을 수립했다. 이는 이들이 남북협상을 진행하던 당시에도 내부적으로 정부 수립을 위한 만반의 준비를 갖췄다는 사실을 보여 준다. 겉과 속이 다른 이들의 행위는 남쪽에 수립된 정부에게 분단의 책임을 떠넘기기 위한 일에 불과했다. 그리고 이는 김일성 정권이 통일을 위해 국토 완정이라는 전쟁의 정당성을 확보하기 위한 것으로 볼 수 있다.

당시 남북한 정권은 모두 상대방을 인정하지 않고, 전쟁을 불사하더라도 통일을 이룩해야 한다고 주장했다. 상대방을 인정하지 않는 것은 남북한 모두가 전쟁을 당연시하는 분위기를 만들었다. 이런 분위기에서 전쟁이 발발했으니 그리 이상할 것도 없다. 누구도 상대방을 인정하지 않고 없애 버려야 할 대상으로 보았다면, 수단과 방법을 가리지 않을 것은 뻔하기 때문이다. 이것이 한국전쟁을 통해 우리가 깨달아야 하는 뼈아픈 교훈이다. 아무리 마음에 들지 않는 상대라 해도 미워하고 증오하면 전쟁과 같은 극단적인 선택만 있을 뿐이다. 남북은 실제 서로 인정하지 않고 증오함으로써 결국 전쟁이라는 극단적인 선택을 했다. 그러나 이는 통일을 달성하기는커녕 무수한 비극과 불행을 낳고, 증오만을 키우는 결과를 초래했다. 아무리 마음에 들지 않아도 서로 인정해야 한다. 서로 인정하면 대화를 나눌 수 있고, 대화를 나누면 상대방이 왜 그렇게 행동하고 생각하는지 이해할 수 있다. 서로 이해하게 되면 화합할 수 있고, 통일로 나갈 수 있다. 물론 그 과정이 매우 어렵고 힘들다 하더라도 서로 미워하고 증오해 전쟁과 같은 극단적 선택으로 인한 불행을 더 이상 용인해서는 안 된다. 이제는 대결의 시대가 아니라 화합하고 협력해야 할 시대다. 북한이 여전히 공산주의체제를 고수하더라도 이들과 대화하고 교류하게 된다면 서로에게 이익이 될 것이다. 그리고 교류 속에서 북한도 개혁과 개방으로 나가게 될 것이다. 대결을 고수한다면 북한이 기존 체제를 더욱 고수할 것은 불을 보듯 뻔하다.

뉴라이트에게 남북이 상호 인정하고 대화를 나눠 통일로 나가는 일은 관심 대상이 아니다. 이들에게 지상 최대의 과제는 자유시장경제를 수호하는 것이다. 이를 위해서는 아무리 동족이라도 공산주의 세력이라면 어떠한 대화도 필요 없고 오히려 지구상에서 추방해야 한다. 이승만은 자유시장경제 수호를 위해 전쟁을 불사하고 소련과 그 영향하에 수립된 북한 정권을 격퇴하자고 주장했다. 그렇기 때문에 뉴라이트가 이승만을 대한민국의 국부이자 자유시장경제의 수호자로 추앙해야 할 대상으로 삼은 것은 너무나도 당연하다.

이들에게 자유시장경제가 무엇인지를 알 수 있는 단초가 있다. 이들은 이승만 정권을 자유시장경제의 수호자로서만이 아니라 심지어 자유민주주의의 수호자로 부른다. 이승만이 민주주의와 거리가 멀어도 한참 멀다는 사실은 상식이다. 이승만은 장기집권을 도모한 독재자로 학생과 시민 들에 의해 쫓겨났다. 그런 독재자를 자유민주주의의 수호자라니.

이승만 정권이 민주주의를 정면에서 위배하고 인권을 유린한 반공독재정권이었다는 사실은 삼척동자도 안다. 1950년 국회의원 선거에서 이승만에 반대하는 야당 성향 국회의원이 다수파가 되었다. 1948년 제정된 제헌헌법에 따라 대통령을 국회에서 간선으로 선출한다면 이승만은 더 이상 대통령이 될 수 없었다. 이에 이승만은 대통령을 국민이 직접 뽑는 직선제를 담은 헌법으로 바꾸기 위해 폭력배, 경찰 심지어 당시 전방에 있는 군대까지 동원해 국회를 무력화시켰다. 이를 소위 '발췌개헌'이라 하는데, 헌법기관이자 국민의 대의기관인 국회가 이승만의 권력욕에 의해 완전히 유린당한 셈이다.

발췌개헌을 통해 대통령 직선제를 이뤄 낸 이승만에게 금권과 관권을 동원해 대통령에 당선되는 일은 그리 어렵지도 않았다. 그런데 제헌헌법은 대통령을 두 차례 이상 할 수 없도록 했다. 영원히 대통령을 하고 싶던 이승만은 1954년 초대 대통령에 한해서만 대통령을 계속할 수 있도록 헌법을 고쳤다. 이것이 소위 말하는 '사사오입' 개헌이다. 이승만이 자신에게만 특혜를 주는 헌법을 만든 일 자체도 우습지만, 이 개헌안이 통과되는 과정은 정말로 지상 최대의 정치 코미디다.

사사오입 개헌 당시 국회의원 정족수는 203명이었고, 그중 3분의 2는 136명인데, 찬성표를 던진 국회의원이 135명이었다. 이에 국회는 개헌안이 부결되었다고 선포했으나, 이틀 뒤에 203명의 3분의 2는 135.333……이기 때문에 소수점 이하는 1인이 되지 못해 인격으로 취급할 수 없으므로 사사오입하면 135명이 된다는 논리로 가결되었다고 선포했다. 이런 웃지 못할 코미디는 오랫동안 사람들의 입에 오르내리면서 비웃음을 샀다. 자신의 권력욕을 위해 기본적인 상식조차도 헌신짝처럼 던져 버린 이승만을 자유민주주의 수호자로 본다면 그 자유민주주의는 과연 무엇인지 성찰해 볼 필요가 있다.

　사사오입을 통해 통과된 헌법에 따라 치러진 선거가 엄정하고 공정하리라고 생각하는 것은 도둑놈에게 정직함을 기대하는 일과 같다. 1956년 대통령 선거에서 돌풍을 일으킨 야당 후보 신익희가 갑작스레 죽자 이승만은 상대가 없다고 생각했다. 그러나 무소속으로 나온 조봉암이라는 복병을 만난 이승만은 샌드위치 표[34]와 같은 부정한 방법으로 득표율을 조작해 선거에서 승리했다. 그리고 선거 이후 이승만은 자신의 강력한 라이벌로 등장한 조봉암을 제거하기 위해 *그가 주도한* '진보당'을 공산주의를 용인하는 정당으로 몰아 진보당을 해체하고 조봉암을 사형시켰다. 이런 행태는 어쩌면 권력욕에 눈이 먼 사람이라면 누구나 저지를 수 있다고 이해해(?) 줄 수 있을지도 모르겠다. 그런데 이승만의 권력욕은 이 정도에 그치지 않았다. 4·19혁명의 도화선이 된 1960년 대통령 선거는 그야말로 자유민주주의에 대한 완전한 폭거였다. 4할 사전투표, 3인조 또는 9인조 공개투표, 완전 부대를 활용해 공포분위기를 조성하고, 야당 참관인을 축출해 부정투표를 마음껏 자행한 선거, 선거라고 부르는 것 자체가 부끄럽다. 심지어 이승만은 자신의 러닝메이트로 나온 부통령 후보인 이기붕이 자신보다 높은 득표율이 나오자 이를 다시 조정해서 발표하는 해프닝을 벌이기도 했다.

이승만은 자유민주주의의 기본인 선거를 완전히 유린했다. 그런 그가 자유민주주의의 수호자라면, 그 자유민주주의는 우리가 알고 있는 민주주의가 아니다. 사실 이승만 정권은 국민의 자유와 평등 그리고 인권을 철저히 유린한 정권이다. 민주주의하에서 국가는 국민의 자유와 평등 그리고 인권을 보장해야 한다. 민주주의에서 국가의 주인은 바로 민民이고, 국가의 존재 이유는 민民의 자유와 평등 그리고 인권을 보호하기 위함이다. 국가가 이런 존재 이유를 배반할 때 국민이 저항권을 행사해 국가를 타도할 수 있는 것도 헌법이 보장하는 국민의 기본권리다. 이승만은 국가의 존재 이유를 스스로 배반했기 때문에 4·19혁명을 통해 쫓겨났다. 이승만이 자유민주주의의 수호자라면 4·19혁명은 왜 일어났고, 당시 민주화 혁명에 가담한 사람들은 무엇을 위해 싸웠는지 도저히 설명이 되지 않는다. 4·19혁명에 참여한 국민들은 자유민주주의의 파괴자일까?

뉴라이트에게 자유민주주의는 국민의 자유와 평등 그리고 인권을 보장하는 국가체제와 아무런 관련이 없다. 이들에게 국민의 자유와 평등 그리고 인권은 중요하지 않다. 그렇다면 이들에게 자유민주주의는 무엇일까? 이 의문은 자유시장경제와 연관해서 이해해야만 풀릴 것이다. 이들이 말하는 자유민주주의는 공산주의 사회로부터 자유시장경제를 지키고 보호할 수 있는 국가체제를 말한다. 이런 국가체제에서는 자유시장경제를 위해 민주주의를 마음껏 유린해도 괜찮다. 오히려 민주주의가 자유시장경제를 위협한다면, 이를 철저히 짓밟아야 한다. 이승만은 반소·반공주의를 추구했고 공산주의로부터 자유시장경제를 지키기 위해 단독정부 수립 노선을 추구했다. 그 결과 정권을 장악한 이승만은 바로 자유시장경제를 지키는 자유민주 주의의 수호신이 되었다. 이 과정에서 이승만은 친일파를 자신의 세력으로 끌어들였고, 자유시장경제에 위협이 된다고 판단한 세력은 그 누구라도 용납하지 않고 탄압했다. 그리고 자유민주주의 수호자로서 자신의 사명을 다하기 위해 국회와 선거를 무력화시켜 정권을 계속 장악했으며, 각종 악법을 동원해 인권을 유린했다. 자유와 평등 그리고 인권은 자유민주주의와 자유시장경제의 수호자에게는 걸림돌에 불과하기 때문에 헌신짝처럼 내동댕이친 셈이다. 이런 점에서 이승만은 정말로 자유시장경제와 자유민주주의의 수호신이자 대한민국의 국부임에 틀림이 없다.

자유시장경제를 위하여

그런데 이승만 정권이 수호하려 했고, 현재 뉴라이트가 꿈꾸는 자유시장경제는 무엇일까? 그리고 과연 해방 후 남한에서 많은 사람이 꿈꾸던 새로운 사회가 자유시장경제였을까? 또한 시장경제엔 자유시장경제만 존재할까? 자유주의 시장경제주의자로서 뉴라이트가 꿈꾸는 사회, 즉 그들의 사회의지는 과연 무엇이고, 우리에게 어떤 의미일까?

　대한민국 정부 수립에 참여한 사람들이 시장경제를 지향했다는 사실은 분명하다. 그러나 대한민국 정부 수립에 참여한 모든 사람이 자유시장경제를 지향하진 않았다. 오히려 많은 사람은 자유시장경제가 아닌 다른 시장경제를 꿈꿨다. 대한민국의 정체성과 지향점을 보여 주는 제헌헌법을 보면 알 수 있다.

　　　　임시정부의 건국 강령에는 '중요 산업 국유화, 토지 국유화, 무상 교육, 무상 치료, 극빈 계급의 물질과 정신상 생활 정도와 문화 수준의 제고·보장, 남녀평등, 친일파의 청산, 국민 각개의 균등 생활 보장' 이런 내용이 들어가 있습니다. 임시정부가 좌파입니까? 우파가 중심이 돼서 좌파를 일부 포용한 그런 정부였죠. 주도권은 우파가 갖고 있었습니다.

　　　　제헌헌법은 어떨까요? 제헌헌법의 전문 내용을 한번 보시죠. 제헌헌법 전문이 긴 문장이 아닙니다. 반 페이지가 채 안 되는 짧은 문장인데, 이 중 일부를 읽어드리겠습니다.

　　　　"유구한 역사와 전통에 빛나는 우리 대한민국은 기미 3·1 운동으로 대한민국을 건립하여 세계에 선포한 위대한 독립정신을 계승하여 이제 민주 독립국가를 재건함에 있어서 정의, 인도와 동포애로써 민족의 단결을 공고히 하며 모든 사회적 폐습을 타파하고 민주주의 제제도를 수립하여 정치, 경제, 사회, 문화의 모든 영역에 있어서 각인의 기회를 균등히 하고 능력을 최고도로 발휘케 하며 각인의 책임과 의무를 완수케 하여 안으로는 국민생활의 균등한 향상을 기하고……."[35]

제헌헌법 전문을 보면 1948년 수립된 대한민국 정부는 1919년 대한민국 임시정부를 계승한 국가가 분명하다. 그런데 제헌헌법에서 명시한 대한민국 임시정부의 건국 강령을 보면, 일제의 압제로부터 벗어난 후 지향해야 하는 사회가 자유시장경제가 아님을 알 수 있다. 임시정부의 건국 강령은 시장경제를 지향하기는 하지만, 사회주의적 평등주의를 상당히 내포한다.[36] 자유시장경제가 지닌 모순을 극복하기 위해서 무상교육과 무상치료(요즘 개념에서 보면 무상의료)를 지향하고, 중요 산업을 국유화하며, 극빈계층의 물질적·정신적 생활 향상을 지향한다. 이는 제헌헌법의 각 조문으로 구체화되었다.

> 그 다음으로 제헌헌법은 교육과 경제에서 '균등주의'를 아주 강하게 부르짖고 있는데, 이건 우파들도 독립운동 할 때 표방했던 평등주의가 반영된 겁니다. 우리 독립운동은 거의 모두가, 우파조차도 사회주의와 결합된 형태였어요. 김구의 한독당의 평등주의도 그런 성격을 많이 담고 있잖아요. 그런 게 제헌헌법에도 나타나 있는 겁니다.
> 전문에 보면 "정치, 경제, 사회, 문화의 모든 영역에 있어서 각인의 기회를 균등히 하고"라고 나와 있는데 이것은 1930년대에 조소앙이 주장했던 삼균주의를 거의 그대로 옮겨놓은 거지요. 16조

에는 "모든 국민은 균등하게 교육을 받을 기회가 있다. 적어도 초
등교육은 의무적이며 무상으로 한다"라고 되어 있어요. 84조에
는 "사회정의의 실현과 균형 있는 경제 발전"이라는 표현이 나옵
니다. 이런 조항은 특히 요즘같은 신자유주의 시대에는 용납될 수
없는 겁니다. 그러나 이 당시는 이렇게 되어 있어요. 85조에 "지
하자원 등은 국유"라고 되어 있습니다. 87조는 "중요한 운수, 통
신, 금융, 보험, 전기, 수리, 수도, 가스 등 공공성 있는 것은 국영
또는 공영"으로 해야 한다고 명문화시키고 있어요.

이 부분을 많은 학자들이 바이마르헌법의 영향을 받았다고 하지
만 제가 보기에는 그렇지 않습니다. 국회 속기록을 쭉 읽어보면
이것은 독립운동의 평등주의, 특히 해방의 사회혁명적, 경제혁명
적, 정치혁명적 분위기가 반영된 것입니다. 사회주의적 요소가 있
는 경제부문이 바뀌어지는 건 1954년 '사사오입개헌'에 와서였지
요.[37]

제헌헌법에선 시장경제와 사회주의적 평등주의가 결합된 사회
(이하 사회주의적 시장경제)를 분명히 지향하고 있음을 알 수 있다. 자
유시장경제는 경쟁체제를 통한 오직 개인의 사익을 추구하는 사회
다. 이런 사회는 경쟁에서 승리한 사람이 이익을 독점하게 되어 부의
불균형과 불평등이 심화된다. 그래서 경쟁에서 탈락해 비참하게 살
아가는 수많은 사람의 저항에 부딪히게 된다. 이런 자유시장경제가
가진 모순을 극복하기 위해 사회주의적 시장경제가 등장했다. 이런

사회는 국가가 적극 개입해 경쟁에서 탈락한 사람들을 보호하고, 승자만이 독식하는 사회 구조를 타파한다. 사실 경쟁에서 승리한 자도 사회의 일원으로 경쟁에서 패배한 사람이 존재하지 않으면 경쟁 자체가 성립하지 않는다. 이에 승자만이 독식하는 일은 있을 수 없다. 경쟁에서 승리한 자의 이익을 패배자들과 함께 나눌 수 있어야 한다. 경쟁에서 패배한 사람이 인생의 낙오자이거나 실패자는 아니다. 이들도 함께 경쟁하면서 사회에 기여한 사람이다. 이런 점에서 사회주의적 시장경제의 기본 정신은 사회적 연대. 경쟁에서 탈락한 사람도 사회 일원이고, 나 자신일 수 있다는 정신을 구현하는 것이 사회주의적 시장경제다.

제헌헌법은 이런 사회적 연대 정신을 구현하기 위한 사회주의적 평등주의를 헌법의 각 조항에 넣었다. 예컨대, 인용문 87조에 나온 주요 산업을 국유화하는 일이 대표적이다. 요즘 철도, 수도, 가스, 전기 등을 민영화한다는 이야기가 나오고 있지만, 이런 산업을 국유제로 운영하는 것은 사회적 연대 정신의 발로다. 이런 산업들의 생산재야말로 사람들의 기본적인 생존에 필수다. 돈이 많은 사람에겐 물, 전기, 가스 가격이 비싸다고 해서 그리 문제가 되진 않지만, 가난한 사람에겐 그렇지 않다. 그래서 이런 산업을 국유제로 운영해 모든 국민에게 값싸게 공급해야 한다. 물론 값싸게 공급하면 이런 국영 기업들은 어느 정도 적자를 볼 것이다. 이에 그 적자를 세금으로 메운다. 그런데 세금을 생각해 보라. 우리는 간접세 위주라 제대로 되고 있지 않지만, 일반적으로 부자들이 세금을 많이 내고, 가난한 사람들은 적게 내거나 아예 내지 않는 경우도 있다. 그렇다면 국민의 생존에 필요한 이런 생산재를 원활하게 공급하기 위해 부자들에게 세금을 걷어서 적자를 보전하게 된다. 경쟁에서 승리한 자가 패배자들의 삶을 위해 세금을 통해 사회적 연대 정신을 발휘하는 셈이다. 사회주의 시장경제는 바로 이런 원리를 거의 모든 사회 영역에 적용하는 것이라 할 수 있다.

사회주의 시장경제를 추구하는 제헌헌법의 취지는 이승만 정권이 벌인 쿠데타 같은 행위 때문에 좌절되고, 자유시장경제를 지향하는 사회로 전환하게 된다.

> 저는 우리 국가 정체성이 실종됐다고 생각합니다. 제헌헌법의 정신은 죽었습니다. 짓밟혔습니다. 어떻게 짓밟혔습니까? 국가보안법에 의해서 짓밟혔습니다. 초헌법적인 국가보안법이 제헌헌법을 대체했습니다. 왜 이런 일이 벌어졌습니까? 저는 대한민국에서 쿠데타가 일어났다고 생각합니다. 박정희가 5·16쿠데타를 일으키기 전에 이미 대한민국에는 쿠데타가 일어났습니다. 어떤 쿠데타냐? 남로당 프락치 사건 아시죠? 1949년 5월에 제헌국회에서 반민특위 열심히 하던 의원들을 다 잡아들여다가 '남로당프락치'로 만들었습니다. 그 다음에 1949년 6월 10일쯤에 경찰들이 반민특위를 습격합니다. 반민특위가 시민단체입니까? NGO인가요? 국가기구죠. 헌법 101조에 의해서 수립이 된 국가기구입니다. 그 반민특위를 경찰이 와서 때려부수죠. 그런데 이승만이 누

구 편을 들어주느냐, 반민특위 편을 들어주는 게 아니라 경찰 편을 들어줍니다. 왜? 반민특위가 경찰 간부들을 잡아들이려고 했잖아요. 노덕술과 비슷한 악질 친일파들을 (중략)

그런데 이승만이 왜 이 사람들을 봐줍니까? 어떤 명분으로 봐줍니까? 이 악질적인 반민족 행위자들을 좌우 대립이라는 프레임 속에 넣습니다. 이 사람들을 공산당 때려잡는 전문가로 봅니다. '이 유능한 애국자들을 민족 반역자로 모는 놈들이야말로 민족 반역자다.' 그게 이승만의 논리였습니다. 그래서 이들이 살아남습니다. 그리고 보름 후에 어떤 일이 벌어지느냐, 백범 김구 선생이 암살당하죠. 누구한테? 안두희라는 현역 육군 소위에 의해서. 그 소위는 잠시 감옥에 가죠. 왜 갑니까? 밖에 나가면 백범 선생 추종자들이 때려죽일 것 같으니까. 감옥에서 보호하기 위해서. 한국전쟁이 일어나니까 풀려나고 현역으로 승승장구하면서 중령까지 진급해요. 그것도 몇 년 안에. 그런데 보는 눈들이 많다 보니까 대령 진급은 안 시키고, 예편을 합니다. 소문이 나니까 예편을 합니다. 소문이 나니까 예편을 시켰어요. 예편한 다음에 뭘 했느냐. 군납업을 해서 때돈을 법니다. 강원도에 아방궁 같은 집을 짓고, 연못 파서 배 띄우고, 기생 불러 '장군님'들과 뱃놀이 하고 노는 거예요. 강원도에서 군납업을 하면서 납세 순위 1,2위를 다퉜습니다. 안두희가. 그게 대한민국입니다.[38]

제헌헌법이 지향한 사회주의 시장경제 사회는 반민특위에 대한 친일파들의 공격과 이를 비호하는 이승만에 의해서 붕괴했다. "이 헌법을 제정한 국회는 단기 4278년 8월 15일 이전의 악질적인 반민족 행위를 처벌하는 특별법을 제정할 수 있다"는 제헌헌법 101조에 입각해 만들어진 '반민족행위(자) 처벌법'에 기초해 구성된 반민족행위 특별 조사위원회(반민특위)를 친일경찰이 습격했다. 그리고 이를 주도한 소장파 국회의원들을 '남로당프락치사건'을 이용해 탄압했다. 이를 통해 친일파 처단을 무력화한 이승만 정권의 행위는 제헌헌법 정신에 대한 쿠데타였다. 이 쿠데타 덕분에 친일파는 대한민국 사회의 주류집단으로 확고하게 자리 잡게 되었다. 물론 이들이 지향하는 사회는 사회주의 시장경제가 아니다. 이들은 사회의 지배집단이 되자 승자 독식 사회를 구축해 자신들의 기득권을 영원히 유지하려 했다. 바로 자유시장경제다.

안두희 같은 인물은 자유시장경제가 가진 사회적 의미를 가장 잘 보여 준다. 안두희는 이승만과 더불어 그와 결탁한 친일파에게 정치적으로 위협이 되는 백범 김구를 암살했다. 임시정부를 이끌던 백범과 같은 인물이 정권을 장악하게 된다면, 친일파에게는 끔찍한 현실이 될 것이고, 승자 독식이 가능한 자유시장경제는 멀어지게 될 것이다. 그래서 김구가 죽었다. 백범 암살은 바로 이들의 앞잡이 노릇을 자청한 안두희가 실행했다. 그 대가로 그는 사회적 부귀영화라는 달콤한 열매를 얻었다. 백범 암살은 오직 개인의 사익 추구가 목표인 사회를 위해서다. 백범을 암살함으로써 철저한 사익 추구 사회를 구축했는데, 이는 안두희의 삶을 통해서 적나라하게 드러난다. 승자만이 이익을 독점하는 그들만의 리그에서 안두희는 철저히 지배집단의 보호와 뒷받침을 받으며 아방궁을 짓고 초호화 생활을 했다. 이런 좋은 사회를 이들은 결단코 놓치고 싶지 않았을 것이다.

이렇듯 자유시장경제는 철저히 개인의 사익을 추구하는 것을 목표로 하는 사회다. 이는 자유주의 시장경제주의자들이 이승만에게 열광하고 친일파를 긍정하는 가장 근본적인 이유다. 자유시장경제는 앞에서 언급한 이영훈의 말처럼, 인간의 본성인 이기심을 가장 잘 발현할 수 있는 사회다. 자유주의 시장경제주의자들은 사회가 원자화된 개인으로 구성되어 있다고 본다. 원자화된 개인은 이기심이라는 본성을 가지고 있고, 이기적인 개인은 사익을 추구한다. 물론 사익을 추구하는 과정에서 서로 경쟁하는 것은 인간의 이기적 본성에서 비롯되는 당연한 질서로 본다. 결국 자유시장경제는 한마디로 이기적인 개인들이 서로의 이익을 추구하기 위해 경쟁하는 사회다. 물론 이들은 이런 사회가 합리적인 사회며, 사익 추구를 위한 경쟁체제가 잘 작동할 수 있도록 해야 한다고 생각한다.

이런 관점에서 볼 때 이들이 친일파를 긍정하는 것은 너무나도 당연하다. 일제시대 인간의 본성인 이기심에 가장 충직하고, 이를 삶 속에서 가장 잘 실현한 부류가 바로 친일파들이니까. 이들이 보기에 일제에 맞서 저항하는 일은 정말로 어리석기 그지없다. 일제에 저항해 민족 해방을 추구하는 일은 개인의 사익에 아무런 도움이 되지 않는다. 민족해방을 추구하는 이들은 도대체 인간의 본성인 이기심을 무시하면서 왜 민족의 해방을 추구하는지, 자유주의 시장경제주의자들은 도저히 이해할 수 없을 것이다. 일제와 맞서는 일은 개인에게 극단적인 인내와 고통을 요한다. 그리고 아무런 이득도 없다. 오히려 감옥에 가거나 목숨을 잃을 뿐이다. 아니면 가난 속에 실의에 빠져 자살하기도 했다. 그리고 더 기막히게도 그들은 꿈꾸던 해방된 조국에서도 제대로 된 대우를 받지 못하고 비참한 삶을 살다가 죽기도 했다. 이는 자유주의 시장경제주의자가 보기에 본성을 어긴 죄(?)에 대한 당연한 대가일지 모른다. 이에 비해 친일파들은 자기 이익을 위해서 일제와 타협하거나 협력한 부류다. 인간 존재의 본질인 이기심에 비추어 볼 때, 정말로 순리에 합당하다. 일제에 협력하는 것은 그야말로 눈앞에 달콤한 경제적, 사회적 이득을 가져다준다. 그리고 이런 이득은 인간의 본성인 이기심을 발휘할 수 있는 사회를 만들기 위해 적극 협력하고 동참하는 것에 대한 정당한 보상이다. 뉴라이트가 보기에 친일파는 비난의 대상이 아니라 인간 본성에 충실한 사람으로 오히려 칭찬받아야 할 존재다.

도대체 자유시장경제가 무엇이길래 친일파를 옹호하고 독재자 이승만을 추앙할까? 뉴라이트가 꿈꾸는 사회는 과연 무엇이고, 과연 우리는 이를 받아들일 수 있을까? 뉴라이트가 가진 사회의지를 우리는 어떻게 생각해야 할까?

자유주의 시장경제주의자들은 원자화된 개인의 자유경쟁이 이뤄지는 사회를 공정하고 평등하다고 생각한다. 인간은 누구나 자신의 이익을 추구한다. 자신의 이익을 추구하지 않는 사람은 없다. 그리고 자유시장경제는 이런 개인의 이익 추구를 보장할 수 있는 사회

체제다. 자유시장경제는 개인의 이익 추구 기회를 누구에게나 공평하게 보장하고 더 많은 이득을 획득하기 위한 경쟁이 공정한 룰에 따라 이루어지도록 최대한 보장한다. 이런 점에서 자유시장경제는 누구에게나 기회가 열려 있는 평등하고 공정한 사회다. 인간의 이기적 본성인 이기심을 제대로 발휘하지 못하도록 제약한다면, 누구에게나 열려 있는 공정한 기회를 박탈한다는 점에서 있을 수 없는 일이 된다. 그런데 정말로 누구에게나 공정하고 공평한 경쟁의 기회를 보장한다면 이는 정말로 평등한 사회일까?

사회는 단순히 개인의 총합이 아니다. 모든 사회는 특정한 사회구조와 시스템을 가지고 있고, 개인들은 그런 사회구조와 시스템 속에서 살아간다. 대한민국을 흔히 자본주의 사회라 칭한다. 자본주의 사회는 자본의 소유에 따른 사회적 불평등 구조를 가진다. 가령 대한민국에 태어나는 누구는 거대 자본을 소유한 재벌의 자식인가 하면, 누구는 가진 것이라고는 몸밖에 없는 가난한 서민의 자식이다.

몇 년 전에 인기리에 방영된 '꽃보다 남자'라는 드라마에서 주인공 구준표는 아주 어린 나이임에도 불구하고 자신을 보살펴 주는 집사가 있는가 하면 심지어 전용기도 있다. 그리고 맛있는 한 끼 식사를 위해서라면 외국이라도 별 문제없이 가서 자신의 욕망을 마음껏 실현한다. 그렇게 어린 친구가 무슨 돈이 그렇게 많은지 도저히 상상하기 어렵다. 태어나면서부터 구준표의 삶은 평범한 사람이 생각할 수 없는 저 너머의 세상에 있다. 이에 비해 구준표의 상대로 나온 금잔디는 가난하다. 하지만 드라마 속 금잔디의 삶은 궁상스럽지도 가난하지도 않다. 현대판 신데렐라를 다룬 드라마이기 때문에 금잔디는 구준표의 사랑을 받자마자 구준표가 살고 있는 저 너머 세상 속으로 날아간다. 그러나 현실에서 이런 일은 있을 수 없다. 가난한 금잔디와 구준표는 서로 알 수 없는 세계에서 따로 살아갈 뿐이다. 이 둘의 삶을 비교하는 일 자체가 사실 불가능하다. 구준표가 누리는 삶은 거대 재벌가의 자식이라는 사실 이외에는 달리 설명할 길이 없다. 물론 금잔디의 삶도 가난한 서민의 자식이라는 사실 이외는 설명할 방법이 없다. 금잔디와 구준표는 공정하고 공평한 기회를 보장받는 평등한 원자화된 개인으로 동등할까? 구준표가 이미 사회의 정점에 있으면서 엄청난 특권과 부를 누린다면, 그 대척점에는 무수히 많은 금잔디가 있을 뿐이다. 이들은 공정하지도 평등하지도 않다. 그리고 서로 경쟁한다고 말하는 것 자체가 우습다. 구준표에게 "네가 금잔디와 사적 이익을 두고 경쟁하는 상대"라고 이야기한다면 구준표는 어떻게 생각할까?

우리는 이미 알고 있다. 구준표 같은 재벌가의 자식은 이 사회의 지배계급으로서 이미 정치 · 경제 · 사회 · 문화 자본에서 금잔디 같은 무수한 노동자의 자식과는 달리 우위를 점하고 이익을 독점하고 있다는 사실을. 이 둘 사이의 경쟁을 말하는 것 자체가 자가당착이다. 노동자의 자식이 어떻게 재벌가의 자식과 경쟁할 수 있을까? 가령 삼성가의 이건희 회장의 아들 이재용이 서민의 자식이었다면, 지금 그가 누리는 삼성에서의 지위를 가질 수 있었을까? 그가 삼성그룹의 경영권을 승계할 수 있는 이유는 그가 원자화된 개인들의 공정한 경쟁에서 승리한 결과가 아니라 단지 이건희 회장의 자식이라는 사실에서 비롯한다. 그리고 경영권 승계 과정에서 탈법과 불법이라는 온갖 반칙이 난무했지만 아무런 처벌도 없다. 여기에 무슨 공정하고 평등한 경쟁이 있을까? 사회적 지위와 부를 가진 집단의 자식들이 부모의 부와 지위를 그대로 물려받는 시대다. 평등하고 공정한 기회를 가진 원자화된 개인이란 단지 머릿속에만 있을 뿐 현실에서는 찾아보기 어렵다.

이런 현실은 1990년대 이후 한국 사회에서 원자화된 개인들의 자유로운 경쟁이 보장하는 자유시장경제를 완벽하게 실현하려는 신자유주의 정책에 따른 결과로 더 강화되었다. 신자유주의는 1980년대 '작은 정부'를 모토로 미국의 레이건과 영국의 대처 정부가 강력하게 추진한 정책으로 이후 '글로벌 스탠다드'라는 이름으로 전 세계적인 조류로 자리 잡았다. 이 영향으로 우리나라에서도 김영삼 정부가 '자본 자유화'란 이름으로 금융 부분에서 규제를 완화했는데, 그 결과 'IMF사태'를 초래했다. 그런데 이상하게도 IMF사태를 초래한 신자유주의 정책은 김대중 정부 때부터 본격화되었고, 이명박 정부에 이르기까지 흔들림 없이, 마치 신흥 종교 교주의 주술처럼 숭배 대상이 되었다.

작은 정부를 지향하는 신자유주의는 국가의 시장 개입은 악이며 모든 것을 시장에 맡기는 것을 최선이라고 주장한다. 이런 생각에 기초해 김대중 정권 때 한전과 가스공사 같은 공기업에 경쟁 원리를 도입한다는 명분으로 민영화가 추진됐다. 의료 부문에서도 의료민영화라는 이름으로 의료시장화에 대한 이야기가 지속적으로 나오고 있다. 이런 시장화는 교육 부문에서도 '수요자 중심 교육'이라는 이름으로 10년 넘게 꾸준히 진행되고 있다.

　최근 대학생들의 반값 등록금 투쟁이 큰 사회 이슈가 되었다. 그런데 등록금 투쟁은 신자유주의 교육정책과 연관되어 있다. '수요자 중심 교육'이라는 이름으로 진행된 신자유주의 정책은 국가의 재정 지원을 줄이고, 시장에서 직접 재원을 조달하는 것을 목표로 삼는다. 교육 수요자들이 교육 서비스를 구매하는 비용을 직접 지불해야 한다는 것을 의미한다. 이에 따라 국가는 당연히 대학 교육에 대한 재정 지원을 축소했다. 국가 재정 지원이 줄어든 대학들은 교육 수요자들에게 교육서비스 구입 대가인 등록금 인상으로 화답했다. 구매력이 약한 교육 수요자들은 아르바이트를 하거나 대출 등으로 등록금을 충당하려 하지만 현실은 그리 녹녹치 않다. 어떤 이는 아르바이트를 하다가 사고로 죽기도 하고, 또 어떤 이는 힘겨운 삶을 비관해 자살하기도 했다. 이에 반값 등록금 이슈가 대학가에서 터져 나왔다. 대학생들이 더 이상 자신을 신자유주의 이념에 의해 주입된 교육 수요자임을 거부하는 행위다. 반값 등록금 투쟁에 동참한 대학생들이 교육은 누구나 평등하게 누려야 하는 사회적 권리며, 자신들은 더 이상 시장에서 교육이라는 상품을 소비하는 교육 수요자가 아니라고 선언한 셈이다.

　신자유주의는 공공 부문 민영화(또는 시장화)에만 그치지 않는다. 신자유주의 정책의 핵심은 어디까지나 노동시장에서의 시장주의적 개혁이다. 노동자는 일한 대가로 임금을 받고 살아가는 사람을 말한다. 이들은 처지가 비슷하기 때문에 동료의식을 가지고 함께 연대해 자신의 처지를 개선하기 위해 노력한다. 1987년 이후 폭발적으로 증가한 민주노조운동도 노동자들이 서로 연대해 자신의 임금과 근로조건을 개선하기 위해서였다. 그런데 신자유주의자들이 보기에 노동조합은 노동시장을 교란케 하는 주요 원인이 된다. 시장이라면 서로 경쟁해야 하는데, 노동자들은 서로 경쟁하기보다는 노동조합으로 단결하고 연대해 노동자 전체의 근로조건과 임금을 개선하려 하기 때문이다. 이런 일은 신자유주의자로서는 있을 수 없는 일일지도 모르겠다. 그래서 그들은 노동자를 원자화된 개인으로 만들기 위해 노동자 개개인의 업무 성과를 평가하고 이에 따라 성과급과 연봉을 지급하는 제도를 도입했다. 업무 성과가 높은 노동자에겐 높은 보수를 지급하고 그렇지 못한 노동자에겐 보수를 깎거나 심지어 직장에서 쫓아내기도 한다. 이렇게 되면 노동자는 노동조합을 통해 단결하고 연대하기보다 개인적으로 살아남기 위해 치열하게 경쟁하게 된다. 어제의 직장 동료가 오늘 생존을 위해서 치열하게 경쟁해야 할 상대가 된다. 내가 살아남으려면 남을 이겨야 한다. 내가 이기기 위해 업무 정보를 공유해서도 안 되고, 업무 노하우를 공유해서도 안 된다. 직장은 서로 도움을 주고 협력하는 화기애애한 곳이 아니라 내가 남보다 좋은 점수를 받아서 남을 이겨야 하는 살풍경이 벌어지는 정글로 변한다. 이제 노동자는 같은 처지에 놓인 노동계급이 아니라 경쟁에서 이겨 보다 많은 사적 이익을 추구해야 하는 원자화된 개인으로 자신을 인식하기 시작한다. 노동조합은 사라지지 않았지만 서서히 무력한 존재로 전락하게 된다.

한편 노동유연성 재고라는 이름의 신자유주의 노동정책이 횡횡하면서 노동자는 끊임없는 해고 불안에 시달리게 되는데, 이는 노동자가 기업주에게 더욱 예속되는 계기가 된다. 한진중공업과 쌍용자동차 해고 노동자의 고통과 죽음이 바로 노동유연성 강화가 불러온 끔찍한 대한민국의 자화상이다. 노동유연성 재고는 또 파견 노동자, 파트타임 노동자, 기간제 노동자 같은 비정규직 노동자를 양산했다. 비정규직 노동자는 항상 불안정한 고용 상태에 놓여 있기 때문에 고용주에게 잘 보이지 않으면 생계를 보장받을 수 없다. 현대판 노동노예라 해도 과언이 아닌 비정규직 노동자의 삶은 비참함 그 자체다. 그런데 노동자라는 계급을 해체하고 개인으로 행동하라고 강요한 신자유주의의 영향으로 정규직 노동자들도 비정규직 노동자를 대체로 외면하는 현실이다. 자신들도 언제 잘릴지 모르고, 근로 조건이 악화되는 상황에서 다른 사람의 삶을 이해하고 공감하는 능력을 상실하게 된 것은 어쩔 수 없을지도 모른다. 결국 노동자가 노동자로서 서로의 처지를 이해하고 연대하는 것을 원천봉쇄하고 개인 간 경쟁을 칭송한 신자유주의의 승리다.

이런 신자유주의 정책 때문에 한국 사회는 원자화된 개인들의 경쟁을 완벽하게 보장하는 자유시장경제 사회로 변화했다. 자유시장경제 사회는 노동자라는 공통의 이해관계를 가지는 계급은 없다고 우리에게 속삭인다. 너희들은 단지 사적 이익을 추구하는 원자화된 개인일 뿐이라고, 그래서 남보다 많은 성과를 내기 위해 최선을 다하라고, 그러면 아주 달콤한 열매가 너희를 기다린다고 속삭인다. 이런 속삭임 속에 많은 노동자가 단결과 연대를 통해서 노동자 전체의 삶을 개선하기보다는 오직 개인 간 경쟁에서 이겨 살아남는 길만이 최선이라고 내면화했다. 사실 1990년대 중반부터 불기 시작한 '자기계발' 붐은 경쟁에서 승리하기 위한 직장인들의 자화상이었다. 회사를 마치고 어학학원에 가서 외국어라도 열심히 배우지 않으면 경쟁에서 탈락할 것이라는 위기감이 자기계발 시장으로 사람들을 몰아넣었다. 현재 수많은 사람이 벌이고 있는 스펙 쌓기는 경쟁사회에서 살아남으려는 몸부림이며, 이는 신자유주의가 강요한 삶의 양식임에 틀림없다.

한데 개인들이 사적 이익 추구를 위해 경쟁하는 사회에서 승리자는 출발부터 거의 결정되어 있다는 사실을 자유주의 시장경제주의자들은 말하지 않는다. 단지 경쟁하는 길만이 모두의 살길이라고 외칠 뿐이다. 이들은 이런 사실을 몰라서 말하지 않는 걸까? 정말로 이들은 사회가 원자화된 개인으로 구성되어 있을 따름이고, 구준표든 무수한 금잔디든 개인 이익 추구의 동등한 기회를 가졌다고 보는 걸까? 그리고 무수한 금잔디도 그 경쟁에서 이길 수 있다고 생각하는 걸까? 사실 그렇게 생각한다면 이들은 구름 위에서 살아가거나 일부러 모른 체하거나 둘 중 하나일 테다. 그런데 이들이 짐짓 모른 체하는 것은 결국 지배계급의 사회적 부와 지위를 정당화할 따름이다. 현재 지배계급이 누리는 사회적 부와 지위는 경쟁에서 승리한 대가로 주어진 당연한 열매다. 반면 서민과 노동자들의 비참한 현실은 경쟁에서 패배한 사람이 당연히 짊어져야 한다. 이들에겐 다른 설명이 필요치 않다. 너희들이 열심히 하지 않고 노력을 하지 않아서 해고되거나 임금이 줄었는데, 무슨 할 말이 많으냐? 너희들에게 주어진 삶을 수용하고, 경쟁에서 뒤쳐지지 않기 위해 노력해라. 다른 방법은 없다고 말한다. 이에 잘못된 현실을 고쳐 모두의 삶을 개선하기 위한 투쟁은 어리석은 짓이며, 오직 경쟁에서 승리자가 되기 위해 열심히 자기계발하는 것만이 현실을 아는 현명한 행동이라고 말한다.

물론 극소수이긴 하지만 개인적 노력으로 성공신화를 쓴 사람도 존재한다. 이런 성공신화를 쓴 사람들은 신자유주의가 가장 좋아하는 이데올로기 선전 도구다. '봐라! 열심히 노력하면 누구든지 성공할 수 있다. 너희들이 성공하지 못한 것은 노력하지 않은 결과다.' 이에 사람들에게 경쟁에서 승리하기 위해 자기계발에 힘쓰고, 오직 성공을 위해 살아갈 것을 이야기한다. 1990년대 중반 이후 한국 사회를 완전히 사로잡은 신자유주의 이념이 현실에 깊숙이 뿌리를 내리게 되자 사람들은 자기계발과 성공을 위한 삶을 자연스럽게 받아들이게 되었다. 그리고 이는 한국 사회를 극단적인 경쟁만능주의 사회로 완벽하게 전환시켰다. 초등학교도 입학하기 전인 아이들도 이미 학원을 전전하면서 경쟁에서 승리하려는 욕망 기계로 자신을 정립해야 하는 한국 사회는 이미 괴물이다. 그러나 한국 사회는 여전히 경쟁이 부족하다고 이야기하면서 더 강한 경쟁체제를 도입해야 한다는 목소리만 들리는 현실에서 벗어나지 못하고 있다. 참으로 기막힐 노릇이다.

　이상에서 살펴본 것처럼, 1990년대 이후 신자유주의가 확산하면서 한국은 자유시장경제를 완벽하게 구현한 사회로 변화했다고 해도 과언이 아니다. 그러나 자유주의 시장경제주의자들은 아직도 한국 사회는 자유시장경제로서 뭔가 부족하다고 느낄지 모른다. 공공 영역에서 시장화가 완벽하게 이루어진 것도 아니고, 노동자들이 해고를 온전히 수용하지 않고 저항하거나 이에 동정적인 사회 분위기가 있는 것도 마음에 들지 않을 것이다. 사실 자기계발을 위해 열심히 노력하지 않은 경쟁의 패배자들이 해고를 당하거나 그들의 삶이 후퇴하는 것은 당연한 결과인데도 이를 수용하지 않는 분위기가 이들에게는 한국 사회가 자유시장경제를 완전히 구현하지 못한 것처럼 보일 것이다.

　뉴라이트가 보기에 자유시장경제를 구현하는 데 장애물이 사회 곳곳에 퍼져 있지만, 특히 문제가 되는 것은 진보적인 학계와 그 학문적 성과물을 일정하게 반영한 교과서라 할 수 있다. 교과서는 자라나는 세대에게 특정한 가치관과 세계관을 심어 주는 데 엄청난 영향력을 가진다고 볼 수 있다. 그런데 그 교과서의 내용이 상당히 마음에 들지 않는다, 이를 고치지 않으면 자신들이 누리는 특권과 이익을 독점하는 구조에 일정한 균열이 생길지도 모른다, 특히 역사교과서에서 식민지 시대를 시장경제 도입과 공업화라는 문명화 시기로 보지 않고 착취와 억압의 시대로 보는 것은 도저히 받아들일 수 없을 것이다. 그리고 자유시장경제와 자유민주주의의 대부 이승만을 국부로 추앙하지 않고, 독재자로 비판하는 것도 두고 볼 수 없을 것이다.

'뉴라이트'는 말 그대로 새로운 우파다. 이들은 1987년 6월 민주화 대투쟁 이후 한국 사회가 서서히 민주화하고 기존의 가치 질서가 의심받는 상황에서 새롭게 대두한 우파다. 이들은 1987년 민주화 이후 한국 사회에 서서히 자리 잡은 민주주의와 인권 그리고 사회적 평등이라는 가치를 수용하지 않는다. 이런 가치관을 많은 사람이 수용하게 된다면 자신들이 가진 기득권이 무너질지도 모르기 때문이다. 이런 가치관과 싸우려면 독재정권 시절 우파와 같은 방식으로는 성공할 수 없다. 새롭게 변신을 꾀해야 한다. 그래서 1990년대 이후 신자유주의가 시대적 대세로 자리 잡게 되자 자유주의 시장경제주의자로서 자신을 재정립했다고 볼 수 있다.

그렇다고 신자유주의라는 시대적 조류를 용인한 세력들이 모두 완벽한 자유주의 시장경제주의자는 아니다. 예컨대, 김대중과 노무현 정권도 신자유주의를 신봉했고 꾸준히 시장주의적 개혁을 추진했다. 그러나 김대중과 노무현 정권은 뉴라이트가 보기에 완벽한 자유주의 시장경제주의자가 아니다. 이 두 정권은 신자유주의를 수용했지만 인권과 민주주의의 가치를 상당히 수용했다. 김대중 정권 시절 '국가인권위원회'가 만들어지고 과거사 정리가 시도되었으며 민주화 인사에게 보상을 했다. 그리고 노무현 정권도 과거사 정리를 지속했으며 심지어 정권 초기에 국가보안법을 폐지하려는 시도도 펼쳤다. 또한 김대중과 노무현 정권은 신자유주의의 폐해를 어느 정도 인정하고 이를 보완하기 위한 복지제도를 부분적으로 도입했다. 뉴라이트는 이런 모습을 원하지 않았다.

이에 자신들을 새로운 우파라 명명하고 자유시장경제 실현이라는 사회의지를 구현하기 위해 사회적 투쟁을 시작했다고 할 수 있다. 이들의 사회의지는 역사 투쟁에서 가장 먼저 자신의 모습을 드러냈다. 먼저 식민지 근대화론을 부활시켜 식민지 시기를 시장경제와 공업화라는 문명질서가 도입되는 시기로 볼 것을 주장한다. 자유시장경제가 도입되는 식민지 시기를 억압과 착취의 암울한 시기로 기억하는 일은 있을 수 없다. 또한 야만에서 문명으로 전환되는 식민지 시기의 문명인을 대변하는 친일파를 민족반역자로만 기억하는 일도 자유시장경제의 이념을 전파하는 데 걸림돌이다. 이에 친일파를 두둔하고, 특히 해방 후 자유시장경제 발전에서 이들의 공적을 적극 주창하는 것이다. 그리고 무엇보다 이들에게 중요한 것은 공산주의로부터 자유시장경제와 자유민주주의를 지켜온 이승만을 대한민국의 국부로 추앙하는 일이다. 이승만이 자신의 권력을 위해서라면 무엇이든지 한 권력의 화신이자 독재자로 더 이상 기억되어서는 안 되고, 자유시장경제체제인 대한민국을 수호한 자유민주주의의 대부로 기억되어야 한다. 이를 위해 이들은 기존 역사학계와 교과서를 비판하고 자신들이 가지고 있는 역사를 유포하기 위해 역사 투쟁을 계속하고 있다.

일본군 위안부 문제를
읽는 두 시선

앞에서 역사가의 사회의지가 역사를 구성하는 원동력임을 뉴라이트를 통해 살펴보았다. 그런데 역사를 구성하는 역사가는 과거로 들어갈 수 있는 '사료'라는 통로가 없다면 역사를 구성하고 만들 수 없다. 과거를 이야기할 때 역사가는 소설가처럼 허구의 세계를 창작하지 않는다. 역사가는 오직 사료를 통해 과거와 대면할 수 있다.

　역사가의 사회의식과 사회의지는 모든 역사가가 같지 않다. 원래 사람이란 자신이 처한 상황과 입장에 따라 생각이 다르기 마련이다. 그럼 다른 생각을 가진 역사가가 사료를 대면하는 방식은 어떨까? 사실 사료는 역사가가 창조하거나 만드는 것이 아니라, 누구에게나 똑같이 객관적인 자료로 존재한다.

　가령 삼국시대를 알려 주는 《삼국사기》는 역사가가 어떤 생각을 가지든 모두에게 동일한 책이고 그 속에 있는 내용도 똑같다. 그렇다면 사료는 역사가의 생각과 관계없이 중립적이며 모두에게 동일한 의미를 지닐 것이다. 그런데 사료가 모든 역사가에게 동일한 의미를 지닌다면, 역사가가 구성하는 역사도 역사가의 생각에 관계없이 비슷한 역사로만 존재해야 한다. 그러나 역사가가 가진 사회의지에 따라 다른 역사가 만들어질 수 있다는 사실을 확인했다. 그렇다면 같은 사료라도 역사가에 따라 다른 의미를 지니지 않을까?

역사가는 사료를 단 한 글자라도 바꿀 수 없지만, 사료는 역사가가 가진 생각에 따라 다른 의미를 지닌다. 어떤 사료가 누구에게는 아주 중요한 의미지만 다른 역사가에게는 별 의미가 없을 수 있다. 사료가 모든 역사가에게 동일한 의미를 지니거나 중립적이지 않다는 사실을 의미한다. 역사가는 자신이 가진 사회의식과 사회의지에 따라 역사를 만드는데, 이 과정에서 자신이 중요하다고 생각하는 사료를 적절히 이용하고 배분한다. 누구에게나 객관적으로 존재하던 사료는 역사가가 역사를 연구하는 과정에서 쓰임새가 완전히 달라진다. 이는 단지 같은 사료를 가지고 해석을 달리하는 문제가 아니라 역사가의 생각에 따라 사료가 이미 다르게 존재한다는 사실을 의미한다.

1938년 유복실이 열일곱 살이었을 때, 그녀는 일본 관리들의 급습을 받고 자기 집에서 붙잡혀 강제로 트럭에 실렸다. 그녀의 병든 아버지는 딸이 끌려가는 것을 저지하려다가 오히려 구타를 당했다. 같은 마을의 다른 젊은 여자들은 모두 도망가 버렸으나, 목적지까지 가는 중에 다른 여러 마을에서 40여 명에 이르는 여자들이 붙잡혀 실렸다. 이들은 전라남도 나주에서 경찰에 체포된 또 다른 7명의 여자들과 함께 일본군 10명의 감시하에 화물열차에 올랐다. 이들은 '범죄자들처럼 취급당했고', 탈출을 시도하는 경우에는 심하게 구타당했다.

기차에 실려 3일간 달려간 끝에 일행은 톈진에 도착했는데, 그곳에는 한복 차림의 한국 여인들이 약 1000여 명 모여 있었다. 이들은 15명 정도를 한 그룹으로 하여 각기 다른 방향으로 보내졌다. 유복실이 속한 그룹의 경우는 절반이 일본군 부대를 따라 떠났고, 유복실을 포함한 나머지 절반은 흙바닥에 멍석을 깔아놓은 한편 반 남짓한 방들이 널려 있는 어느 중국집에 투숙되었다. 방들은 돗자리로 칸막이가 쳐 있었다. 이 칸막이 뒤에서 여인들은 군인들에게 봉사해야만 했다.

다른 처녀들과 마찬가지로 유복실은 있는 힘을 다해서 저항했으나 결국 난폭하게 처녀성을 짓밟혔고, 인접한 여러 방에서 비명소리가 들여오는 가운데 그녀의 몸은 피투성이가 되고 말았다. 첫날밤 이러한 충격을 겪고 난 후 그룹 전체가 자살을 의논했으며, 그들 중 두 명은 자기 방에서 목을 매달았다. 유복실을 포함한 나머지 여자들은 그네들의 운명에 자신을 맡겼다.

위안부들은 일주일에 한 번씩 건강검진을 받았다. 식사에 필요한 식기는 사람들이 버리고 떠나간 인근 빈 중국집에서 가져온 것들을 사용했고, 식사는 군대 야외취사장에서 했다. 이들은 하루에 30명에서 40명에 이르는 병사들을 상대해야 했으며, 가장 많은 수가 몰려오는 날은 병사들의 근무가 없는 일요일이었다. 간혹 밤중에 몰래 찾아오는 군인들도 있었다. 위안소는 전투지역에 인접해 있었으며, 유복실은 포탄의 파편이 다리에 박혀 부상을 입은 적도 있었다. 상처가 치유되기까지는 6개월이 걸렸으나, 4개월이 지난 다음부터 그녀는 다시 위안부 노릇을 해야만 했다.[39]

일본군 위안부였던 유복실의 체험담이다. 이 체험담은 위안부를 '일본군대에 성노예로 끌려간 여성들'로 바라보는 조지 힉스의 《위안부》에 포함되어 있다.

나는 1925년에 2남 9녀를 거느린 구멍가게를 하는 가정에서 태어났어요. 딸 아홉 중 셋은 어렸을 때 죽었고, 장남은 어머니가 아들을 못 낳는다고 작은 어머니 몸에서 아들을 낳아 여섯 살 때 우리 집으로 데려왔습니다. 그 후 어머니가 마흔한 살에 아들을 낳았습니다. 어렸을 때 내 이름은 '미요코'(일본식 이름)였어요. 내 어린 시절 기억 중 가장 생생한 것 하나는 학교에 가서 공부하고 싶다는 간절한 소망이지요. 그러나 아버지는 가시나가 공부하면 여우밖에 될 게 없다면서 여자가 공부한다는 생각에 결사반대하셨지요. 내가 아홉 살 때, 어머니가 아버지 몰래 쌀 한 말을 팔아 나를 보통학교에 넣어 주었어요. 그러나 아버지는 일주일도 안 돼 내가 자기의 금지 명령을 어기고 학교에 다닌다는 사실을 알게 되었습니다. 아버지는 나를 교실에서 끌어내고 책을 모두 태워 버렸어요. 아버지의 화는 그걸로 가라앉지 않았지요. 나를 죽어라 두들겨 팼고, 집 밖으로 쫓아냈어요. 난 잠시 큰 집에 가 있었어요. 다시는 공부를 안 하겠다고 약속하고 나서야 집으로 돌아올 수 있었습니다.

나는 공부 못한 것이 '한'이 되어 부모 안 보는 데서 공부해 똑똑한 사람이 되어 세상을 바로 살아 보아야겠다는 생각을 했지요.

나는 정말 공부를 하고 싶었어요. 내가 아들이었다면 공부를 마음껏 할 수 있었을 거라고 믿었지요. 내 위로 언니들이 어려서 죽었으므로 내가 맏이 노릇을 했습니다. 나는 아홉 살 때부터 집에서 살림하고 밭일도 하고 목화도 따고 물레질과 길쌈도 했어요. 그리고 구멍가게 일도 거들었지요. 구멍가게에서 삶은 고구마도 팔았는데 그 고구마 삶는 것도 내 몫이었습니다. 농사일은 사람을 사서 했으므로 끼니 때가 되면 밥을 해서 내다 주었지요. 집안일은 매우 힘들었습니다. 큰 딸로 태어난 것이 죄라 그렇게 많은 일을 해야 했지요.

1943년 가을 어느 날. 우리 마을에 살던 일본인 앞잡이 노릇을 하던 50대 정도의 아저씨가 나에게 말하기를 공부도 할 수 있고 돈도 벌 수 있는 곳으로 보내 주겠다고 했어요. 나는 공부 못한 것이 '한'이 된 18세 소녀였기 때문에 공부시켜 준다는 말에 솔깃하여 승낙을 했지요. 난 내 계획을 말하면 아버지가 때릴까봐 부모님께 아무 말도 하지 않고 떠나기로 작심했지요. 며칠 후 그 아저씨가 찾아와 잠깐 다녀올 데가 있으니 나오라고 해서 부모님 몰래 나갔지요. 그랬더니 그 남자와 한 일본인 순사가 나를 트럭에 태워 부산으로 데려갔지요. 거기서 그들은 내 긴 머리를 자르고 내 치마저고리 대신 원피스를 입혔습니다. 그러고 나서 나는 다른 네 명의 젊은 여자애들과 같이 기차의 군인 칸에 태워져 만주로 이송되었습니다.[40]

문화인류학자 소정희의 소논문 속에 포함된 일본군 위안부였던 문필기의 이야기다. 그런데 문필기와 유복실의 체험담은 같은 위안부 출신의 이야기지만, 느낌이 상당히 다르다. 유복실의 체험담은 위안부로 끌려가게 된 사연과 위안부로서의 생활에 대한 것이 주를 이룬다. 이 체험담 속에서 우리는 조지 힉스가 이해하듯이 위안부가 일본군의 '성노예'였음을 느낄 수 있다. 그러나 소정희의 글에 나온 문필기의 체험담은 위안부로서의 삶보다는 그 이전 가족과의 삶에 관한 체험이 주를 이룬다. 이 체험담 속에서는 성노예로서 문필기의 삶보다는 가부장적 사회구조에서 억압당하던 한 여성의 삶을 더 느낄 수 있다. 물론 이런 느낌의 차이는 두 학자가 사료(체험담)에서 강조하고자 하는 것이 다르기 때문이다. 그럼 이들이 사료에 부여하는 강조점과 이를 활용하는 방식에서 왜 차이가 나는 걸까?

소정희와 조지 힉스는 위안부 문제를 접근하는 방식과 관심사에서 근본적인 입장 차이를 가지고 있다. 조지 힉스는 위안부를 일본군의 성노예라는 관점에서 이해하고 이를 구체적 증거를 통해 밝힘으로써 일본 정부의 공식 사죄와 배상을 받기 위해 투쟁하고 있는 위안부 출신 여성들에게 도움을 주려는 연구 목적을 가지고 있다. 이에 비해 소정희는 성노예로서 위안부 여성들이 군 위안소체제에 강제동원당한 무기력한 희생자로 보는 것을 거부한다. 소정희는 오히려 '식민지근대성'이라는 역사적 맥락 속에서 위안부는 개인적으로 능동적인 삶을 살고자 한 존재라는 사실에 초점을 맞춘다.

소정희가 말하는 "식민지근대성이라는 역사적 맥락"은 뉴라이트의 '식민지근대화론'과 일맥상통한다. 조선은 식민지 시기를 통해서 근대화라는 문명화의 길로 접어들었다. 그런데 근대 사회의 중요한 특징 중 하나는 사적인 삶의 영역과 공적 영역의 삶이 분화한다는 사실이다. 사적 영역이 결혼과 가족생활로 대변되는 영역이라면, 공적 영역은 회사와 공장 그리고 학교와 같은 공간이다. 조선도 근대화를 통해서 공적 영역이 사적 영역으로부터 분리되었다.

전근대화 사회는 가족이 바로 생산 단위를 이루는 소농 경제에 기반한 농업 중심 사회였다. 이 사회에선 가족이 바로 생산 활동을 담당했기 때문에 공적인 것과 사적인 것이 구분되지 않는다. 그런데 근대 사회로 접어들면서 소농 경제에 기반한 농업 사회는 산업 사회로 전환한다. 산업 사회에서는 회사와 공장이 등장하고 학교가 보편화된다. 이제 가족을 벗어나서 생산 활동이 가능해진 것이다. 가족 단위 소농 경제에서는 부모에게 물려받은 토지를 기반으로 해서 생활해야 했기 때문에 자식들은 부모에게 강하게 종속될 수밖에 없다. 그러나 근대 사회에서는 회사와 공장 등에서 일함으로써 부모로부터 독립이 가능하다. 이는 식민지 조선에서도 마찬가지다.

소정희가 말하는 식민지근대성이라는 역사적 맥락이 바로 이를 말한다고 할 수 있다. 식민지 조선에서도 학교가 생기고, 공장이 설립되면서 많은 자식들이 부모로부터 벗어나 공적 영역으로 들어갈 수 있게 된 것이다. 물론 공적 영역의 첫걸음은 학교다. 학교는 사회화 기관으로 개인이 최초로 접하는 공적 영역의 삶이다.

식민지 시대에 사적 영역에서 공적 영역이 분리되면서 많은 자식들이 부모로부터 독립할 가능성이 열렸다. 먼저 학교에 들어가서 부모로부터 독립해 능동적으로 자신의 삶을 살아가려는 열망을 가진 사람들이 생겨났다. 그런데 문제는 근대 사회가 성차별주의와 가부장적 권력 관계를 벗어난 사회가 아니라는 사실이다. 특히 식민지 조선과 같이 근대성과 전근대성이 혼재된 사회에서는 성차별주의와 강고한 가부장적 권력이 동시에 작동한다. 이 때문에 학교에 다니고자 하는 열망은 우선 아들에게 허용되고, 딸들의 열망은 무시되거나 억압당한다. 이는 문필기의 삶을 통해 생생히 드러난다. 아버지 몰래 학교를 다니다 발각된 문필기는 아버지에게 죽도록 맞았다. 그 좌절된 배움에 대한 열망으로 인해 위안부를 모집하는 일본인 앞잡이와 순사 들의 공부나 취업을 시켜 준다는 달콤한 말에 쉽게 속아서 위안부가 됐다. 문필기가 그렇게 쉽게 속은 이유가 '공부'에 대한 열망 때문이었고, 이는 독립적이고 능동적으로 살아가고자 하는 근대인의 자아실현을 위한 열망과 욕망을 잘 보여 준다.

소정희의 연구 목적은 성노예로서 위안부의 '한'을 보여 주는 것이 아니다. 오히려 성차별주의자이자 가부장 권력의 상징인 아버지와 오빠들의 폭력과 억압과 학대에 대해 분노한다. 문필기와 같은 많은 위안부들은 남성우월주의자들인 아버지와 오빠들에 의해서 배움의 열망과 자아실현이 억압되고 폭력적으로 짓밟혔으며, 이를 벗어나 능동적으로 삶을 살기 위해 집으로부터 탈주를 감행했다. 그러나 그녀들 앞에 놓인 것은 군 위안부라는 혹독한 현실이었다. 이를 소정희는 "참으로 역설적이게도 그들이 보여 준 저항의 행위와 자율성을 추구하려는 결정이 스스로를 군 위안소에서 강요된 매춘과 성노예화라는 이루 말로 다할 수 없고 상상할 수도 없는 세계로 몰았다는 것이다"[41]라고 표현한다. 소정희에게 문제가 되는 것은 위안부로서 성노예의 삶 자체가 아니라 이들을 위안부로 몰아가고 자아실현과 능동적인 삶을 좌절시키고 억압한 가부장적 권력인 셈이다.

소정희의 연구를 통해서 식민지근대성이 여성들에게 노동의 세계라는 공적 영역을 통해 자아실현을 할 수 있는 기회를 제공했다는 점을 알 수 있다. 이 지점에서 식민지 근대화론을 주창하는 뉴라이트와 소정희가 통한다. 가족 내부의 세계로만 여성들을 묶고 억압하던 전근대 사회에서 여성들이 드디어 자신의 자아를 실현하고 능동적인 삶을 살 수 있는 기회를 제공하는 근대화가 식민지 시대를 통해 도입된다는 사실은 식민지 시대를 긍정적으로 보는 뉴라이트와 감정의 공감대를 형성할 여지를 제공한다. 그런데 기회의 제공이라는 근대성이 전근대적인 가부장적 권력과 성차별주의에 의해서 억압된다는 점을 주목해야 한다.

비록 근대성이 식민지를 통해 도입되었기 때문에 여성들에게 제공된 기회는 군 위안부로의 강제 동원이라는 예기치 않은 좌절을 초래했지만, 여성들을 좌절로 몰고 간 것은 식민지 권력보다는 가부장적 권력과 성차별주의에 더욱 기인한다는 소정희의 주장은 뉴라이트가 식민지 시대를 문명화의 길로 보려는 열망에 잘 부합한다고 할 수 있다. 뉴라이트에 따르면 일본군 위안부들은 식민지 시대가 제공한 능동적인 삶을 표상한다고 읽어야 하며, 이들의 삶의 표상은 식민지 권력이 아니라 가부장적 권력으로 대변되는 전근대적인 야만성에 의해 좌절된 것으로 기억해야 한다.

뉴라이트는 일본군 위안부에 대한 새로운 접근을 시도한다. 이들은 이를 위해 일본인 학자 후지나가 다케시(이하 다케시)의 연구를 적극 활용한다.

> 그렇다면 우미노야에 소속되었던 조선인 위안부들은 자신의 운명을 어떻게 받아들였던 것일까. 하나 고헤이는 2명의 대조적인 조선인 여성에 대해 회상하고 있다.
>
> '하후미(一二三. 30세 정도)'는 "철저하게 돈 버는 데 열중한다. 즉 일을 열심히 한다고 할까. 손님을 잘 대하여 얼굴이 예쁘고 머리가 좋은 사람"이고 "이러한 곳에 몸을 떨어뜨린 바에야 돈 버는 데 철저할 거라고 말하고", 깜짝 놀랄 만한 돈을 남겼다"고 한다(51쪽). 확실히 이것도 불행한 처지에 있었던 위안부가 선택한 하나의 삶의 방식이었을 것이다.
>
> 그러나 한편으로는 비참한 최후를 맞이한 조선인 여성의 예도 소개되어 있다. "탤런트가 될 정도로 노래를 잘했다"는 '기누요(絹代. 30세 전후)'는 결국은 아편중독이 되어 "동료의 방에 들어가 자주 돈을 훔쳐서" "미친 사람을 가두는 방 같은 곳에 아버지가 강제로 감금시켰는데 그 2층에서 뛰어내려 아편을 사려고 달려가는" 불쌍한 삶을 살았다. 우미노야에서 쫓거나 거지 생활을 하던 그녀는 결국은 '자푸류챠오(乍浦路橋)'에서 얼어 죽었다고 한다.(52~53

쪽), (중략)

화대 배분은, 빚이 있는 여성은 6할·자신이 4할, 빚을 다갚으면 쌍방 5할씩 분배했다. 위안부는 전차금을 받고 상하이에 왔지만 "일본 유곽에서처럼 기모노를 구매하도록 해서 빚의 이자가 점점 늘어나는 따위의 일은 해군 위안소의 경우 전혀 없었다"고 한다 (88~89쪽). 그렇다고 해도 우미노야가 인신매매를 통해서 위안부를 모집했다는 사실은 앞에서 서술한 대로 명백하다. 위안소 우미노야가 해군의 관리하에서 아무리 '공정하게' 경영되었다고 해도 그것은 본질적으로는 일본형 관리 매매춘 시스템의 비인간적인 성격에 기반으로 해서 비로소 성립된 존재였던 것이다.[42]

상하이에 있던 일본군 위안소에 관한 다케시의 연구 논문 중 일부 내용이다. 그는 일본군 위안소와 위안부 문제를 "상하이에 이식된 일본형 공창 제도를 모체로 하여 위안소 제도가 생겼다"는 가정 하에 연구를 진행했다. 물론 다케시는 위안부 문제를 완전히 순수한 '매춘 패러다임'으로 보진 않는다. 순수한 매춘 패러다임은 일반적으로 업자와 금전 관계를 매개로 한 위안부의 '자유의사'를 전제하는 견해다. 그러나 그는 위안부가 인신매매라는 강제 동원을 거쳤기 때문에 '자유의사'를 통해 위안부를 모집한다고 가정하는 순수한 매춘 패러다임과는 다르다고 한다. 그런데도 그의 견해는 매춘 패러다임에서 크게 벗어나지 못했다. 화대 배분 문제에서 빚이 있는 경우와 그렇지 않은 경우에 차이가 있지만, 매춘을 통한 금전 수수가 정당하게(?) 이뤄진 것으로 보고 있기 때문이다. 심지어 일본형 공창제도처럼 매춘부에게 빚을 지게 해서 이를 미끼로 매춘부(여기에서는 위안부)에게 올가미를 씌우는 것은 군위안소에서는 없었다고 주장한다. 이는 일본 해군 위안소가 일본형 공창제도보다 공정하게 운영되었다는 점을 의미한다. 이런 주장은 일본군 위안부가 인신매매에 기초하지 않았다면, 그리 문제될 것이 없다는 입장을 은근히 내비치는 셈이다.

다케시의 주장은 과연 정당한가? 과연 일본군 위안소가 일본형 공창제도에 뿌리를 두고 있을까? 사실 겉으로 보면 일본군 위안소도 일종의 공창제도처럼 보인다. 군대라는 국가기관이 군인들을 상대로 합법적인 매춘이 이루어지도록 유도한 것처럼 보인다. 그러나 겉으로 보이는 유사성 때문에 일본군 위안소가 일본형 공창제도에 뿌리를 두었다고 보는 것은 위안부 문제의 본질을 호도하는 것이다. 공창제도는 매춘을 국가가 인정하고 관리하는 것임에는 분명하다. 그러나 일본군 위안소와 위안부는 군대 내 매춘을 인정하기 위해 국가가 관리하는 차원이 아니다.

일본군 위안소와 위안부는 군대 내 매춘을 합법화하기 위해 존재한 것이 아니다. 그러므로 단순히 강제된 매춘으로 이해할 수 없다. 위안부를 동원한 일제는 '정신 보국'이라는 이름으로 여성을 전쟁에 동원했다. 일제는 1937년 중일전쟁을 일으킨 후 곧바로 '국가총동원령'을 내려 황국신민을 총동원했다. 물론 많은 남성이 전쟁터로 동원되었다. 그런데 여성도 예외가 아니었다. 여성들도 황국신민으로서 천황의 성전(?)에 동참해 천황의 은혜(?)에 보답하는 정신 보국을 해야만 했다. 여성들은 많은 남성이 전쟁터로 끌려가게 되어 산업 현장에서 일할 사람이 부족해지자 이를 충원하기 위한 징용 대상이 되었다.

여성들이 징용 대상만 되지는 않았다. 여성들도 전쟁터로 동원되었다. 물론 전쟁터로 동원된 여성들의 주임무는 전쟁터에서 직접 전투를 수행하는 남성 군인을 위한 '성적 위안'이었다. 이런 성적 위안을 통해서 남성 군인들이 전쟁 스트레스에서 벗어나서 훌륭한(?) 군인이 되었으면 좋겠다는 것이 일제의 바람이리라. 그런데 전쟁터로 동원된 여성들이 성적 위안만 한 것도 아니다. 부상병에 대한 간호와 탄약 운반 그리고 오락과 공연 등을 통한 위문 등 전쟁 수행을 위한 보조원 역할을 톡톡히 해야 했고, 종국에 가서는 남성 군인들과 운명을 함께할 것을 강요당했다. 결국 위안부는 일제라는 국가권력에 의해서 전쟁터에 동원되어 국가를 위한 정신 보국을 강요받은 존재였다. 이런 점에서 일본군 위안소와 위안부는 단순한 일본형 공창 제도에 기반을 둔 군대 내 매춘을 합법화한 제도로 이해할 수 없다.

위안부를 '정신 보국'의 명목으로 일제가 전쟁에 강제 동원한 여성으로 본다면, 이는 크게 두 문제를 내포한다. 첫째 민족적 문제다. 당시 일본군 위안부의 거의 80퍼센트에 해당하는 여성이 조선인이었다는 사실이 이를 보여 준다. 중일전쟁 이후 내려진 '국가총동원령'은 일본인만이 아니라 식민지 조선인에게도 적용되었다. 이에 조선인들도 전쟁터와 산업 현장에 강제 동원되었다. 당시 조선인 여성들은 주로 산업 현장에 동원되었는데, 이것이 소위 말하는 근로정신

보국대, 곧 정신대다. 그런데 정신대로 동원된 조선인 여성 중 일부는 위안부가 될 것을 강요받았다.[43]

　문제는 황군의 성적 위안을 위해 동원당한 존재가 일본인 여성이 아니라 주로 조선인 여성이라는 점이다. 식민지 시대에 조선인은 2등 신민이었다. 1등 신민인 일본인 중에 위안부로 동원된 여성은 주로 매춘에 관계하던 여성이다. 매춘부가 아닌 일반 일본인 여성의 순결과 모성을 보호하고자 하는 의도로 이해할 수 있다. 여성을 순결한 존재인 모성과 창부로 이중 분할하는 가부장적 권력의 시선 때문이다. 일본인 여성은 1등 신민인 일본인 남성의 순결한 아내와 어머니로서 우선적 역할을 배분받는 셈이다. 이에 비해 2등 신민에 불과한 조선인 여성은 1등 신민의 순결한 아내와 어머니가 될 자격이 없기 때문에 보호받지 못한다. 이에 조선인 여성은 매춘부 출신뿐만 아니라 일반 여성들을 취업 사기와 인신매매 같은 수법으로 강제 모집한 것이다. 명백한 민족적 차별이다. 그리고 이런 민족 차별은 황군의 성적 위안을 위한 공간 속에서도 나타났다. 일본인 위안부는 주로 장교를 상대했고, 조선인 여성은 사병을 상대하게 했다. 즉 조선인 여성은 2등 신민으로서 장교와 같은 높은 계급의 소유자를 위안할 수 있는 자격을 박탈당했다. 사병을 상대해야 하는 조선인 위안부가 장교를 상대하는 일본인 위안부보다 육체적으로 더 감당하기 힘든 성적 노동을 해야 했음은 불을 보듯 뻔하다.

　그런데 위안부 문제의 본질은 민족 차별이 아니다. 위안부 문제에서 중요한 것은 그녀들의 임무가 황군에 대한 성적 위안이라는 점에서 알 수 있듯이, 바로 '성' 문제라는 사실이다. 비록 일본군 위안부가 병사 간호와 탄약 운반 같은 전쟁을 보조하는 임무도 수행했지만, 주된 임무는 황군에 대한 성적 위안이었다. 근대 가부장제 사회에서 여성은 성적 이중 기준에 의해 모성(또는 정숙한 아내)과 창부로 분할된다. 일본군 위안부는 바로 가부장적 국가 권력인 일제에 의해서 창부 역할을 강요받은 존재였다. 가부장적 국가권력인 일제가 황군 남성(이것이 일본인 남성이든 징병으로 끌려온 조선인 남성이든 관계없이)을 위해 일본과 조선인 여성과 기타 점령지 현지 여성에게 성적 위안이라는 창부적 역할을 강요한 셈이다. 국가가 조직적으로 저지른 성범죄다. 이 때문에 일본군 위안부 문제를 인신매매와 취업 사기 같은 방법에 의한 강제적 징발에 의한 것이냐, 자발성에 기초한 것이냐라고 구분해 이해하는 것은 별 의미가 없다. 정말로 자발적으로 위안부가 된 여성이 있다고 할지라도 이들 역시 국가권력이 저지른 조직적인 성범죄의 희생자임에 틀림없다.

한편 위안부 문제가 성 문제임은 일제가 패망한 후 한국 사회에서 위안부를 바라보던 시각에서 더 확실하게 드러난다. 일제가 패망한 후 고국으로 돌아온 많은 위안부 여성은 자신들의 문제를 이야기하지 못하고 가슴속에 묻고 살았다. 행여나 자신이 위안부였다는 사실이 발각(?)된다면, 자신들이 사회에서 더 이상 인간으로서 받아들여질 수 없다는 사실을 너무나 잘 알고 있었다. 실제로 고국으로 돌아온 이들 중에 결혼을 했다가 위안부였다는 사실이 밝혀져 여지없이 이혼당하고 시집에서 추방된 경우도 있다. 그리고 많은 이들이 가족과 떨어져서 홀로 살아가기도 했다. 이 때문에 피해자인 그들은 오히려 자신이 희생된 사실을 밝히지 못하고 죄인으로 수십 년을 살아야 했다. 이들은 가부장적 사회가 여성을 정숙한 여인과 창부로 분할해 창부를 멸시하고 학대하는 성적 권력의 사회를 온몸으로 느끼고 산 셈이다. 이들이 사회적 멸시와 냉대를 피하는 유일한 길은 자신이 위안부였다는 사실을 숨기는 깊은 사회적 침묵뿐이었다. 일제라는 국가권력이 저지른 조직적인 성범죄의 희생자인 위안부는 해방후 또 다시 가부장적 사회에 의해서 희생을 강요당했다. 이러한 사실은 위안부 문제가 성적 문제를 본질로 한다는 것을 의미한다.

위에서 위안부가 천황제 국가인 일제의 전쟁 수행에 조직적으로 동원된 국가 성범죄의 피해자임을 확인했다. 이런 관점에 입각해 다케시의 견해를 다시 보자. 다케시는 "일본군 위안부를 인신매매를 통한 여성의 신병구속과 관헌에 의해서 건강검진 실시를 특징으로 하는 일본형 공창제도에 뿌리를 두고 있다"는 견해를 보여 준다. 이런 다케시의 견해는 결국 일본군 위안소 제도가 전쟁 수행을 원활히 하기 위해 황군의 성적 위안의 필요[44]에 따라 여성을 강제 동원한 국가시스템보다는 공창제도라는 비인간적인 매춘 문화에 더 큰 혐의를 둠으로써 국가 범죄에 대한 시선을 약화시키는 효과를 발한다. 그는 일본군 위안소 제도가 가진 문제점을 주로는 인신매매 같은 방식을 동원한 강제적인 여성 신병 확보에 초점을 맞추고 있다. 이는 위안부 문제가 인신매매가 아니라면 그리 크게 문제될 것이 없다는 생각을 내포한다. 실제 위안부 중 일본인 여성은 주로 매춘부 출신이었기 때문에 강제가 아니라 임의로 위안소에 들어왔을 가능성이 매우 높다. 다케시의 견해에 따르면 이런 여성들은 별 문제될 것이 없다. 물론 그는 위안소에서 생활하던 위안부들이 자신이 원하지 않는 일을 강요당한 것도 문제를 삼기는 한다. 그러나 이런 경우에 금전수수 같은 매춘 행위에 대한 정당한 대가가 있으면 크게 문제될 것이 없다는 여지를 남긴다. 그의 이런 연구 태도는 결국 위안부 문제에서 국가의 범죄성을 약화시킴으로써 전후 일본 보수주의자들이 국가 범죄를 반성하거나 사죄하지 않으려는 자세에 교묘히 영합한다고 할 수 있다.

이런 다케시의 의도는 사료를 채택하고 활용하는 데 반영되었다. 상하이 '우미노야 위안소'를 사례로 들어 자신의 견해를 뒷받침하려 했다. 그가 우미노야 위안소를 사례로 든 것이 그리 문제되진 않는다. 그러나 우미노야 위안소를 연구하면서 활용한 사료는 이를 위탁 경영한 하나 고헤이(이하 고헤이)의 "종군위안소(우미노야)의 전언"이라는 회상록이다.[45] 고헤이는 일본군 위안소의 위탁 경영을 한 사람으로 결국 일제가 저지른 성범죄에 가담한 사람이라 할 수 있다. 사실 그의 회상록은 당시 국가권력이 자행한 성범죄에 협조한 사람이 위안소와 위안부를 어떻게 이해하고 회상하는지를 보여 주는 자료다. 위안소 위탁 경영자의 기억은 위안부의 기억과는 다르다. 그리고 그 기억은 고통을 당한 위안부의 기억을 대변할 수 없다. 오히려 위탁 경영자의 기억은 위안부의 삶을 왜곡하고 목소리를 배제하는 역할을 한다. 그렇다면 위탁 경영자의 기억이 위안소와 위안부의 삶을 이해하는 데 참조 자료 이상의 의미를 가지면 곤란하다.

다케시의 연구에는 위탁 경영자인 고헤이의 회상이 중심적 위치를 차지한다. 이는 어쩌면 당연할지도 모르겠다. 그는 일본군 위안소 제도의 국가 성범죄 성격을 약화시키려는 의도를 가지고 있기 때문이다. 만약 그가 일본군 위안소를 국가 범죄라는 관점에서 접근했다면, 우미노야 위안소를 관리하는 해군의 행태와 위안소 관리를 위임받은 고헤이 같은 인물이 어떻게 해군의 정책에 협력하고 전쟁 범죄에 가담했는지를 연구했을 것이다. 그러나 그는 위안소와 위안부 문제를 일본형 공창제도 탓으로 돌리고 싶어 하기 때문에 매춘업에 종사한 위안소 위탁 경영자의 회상을 중심 사료로 채택한 것은 당연한 귀결이다. 그리고 위탁 경영자 고헤이의 회상이 위안소 제도의 성격을 해명하는 데 결정적인 자료로서 의미를 가진다.

고헤이가 '히후미'라는 위안부를 회상하는 내용을 보면, 위안부 여성의 목소리를 배제한 채 위안소 위탁 경영자의 목소리를 들려준다. 다케시는 "이러한 곳에 몸을 떨어뜨린 바에야 돈 버는 데 철저할 거라고 말하고 깜짝 놀랄 만한 돈을 남겼다"는 고헤이의 회상을 통해 위안소가 정당한 금전수수를 통해 매춘이 이루어진 공창이었음을 은연중에 시사한다. 나아가 "불행한 처지에 있는 여성들이 돈을 버는 데 열중하는 것이 선택할 수 있는 하나의 삶"이라는 말을 통해 위안소가 공창이었고, 위안부는 불행 속에도 상당한 돈을 합법적인 매춘을 통해 벌 수 있었음을 보여 주려 했다.

십분 양보해 설혹 위안부를 성을 사고파는 매춘부로 본다고 할지라도 위안부는 성을 사고파는 교환의 주체가 아니었다. 사실 일반적으로 매춘업에서 성을 교환하는 주체는 매춘부가 아니라 업자들이다. 우미노야처럼 군이 위탁 경영을 맡긴 곳에서 성을 파는 주체는 위탁 경영자고, 이들 중에는 위안부를 착취해 상당한 돈을 모아서 성공한 자들도 있다. 그러나 거의 모든 위안부는 그렇지 않았다. 그녀들은 성적 위안의 대가로 현금이 아니라 주로 '군표'를 받았다. 그러나 받은 군표도 대개 위안부가 아니라 위탁업자들이 대신 관리했다. 물론 맡긴 군표를 돌려받는 위안부는 드물었고, 설혹 돌려받았다고 할지라도 전쟁 후 군표가 휴지 조각이 되어 아무런 쓸모가 없게 되었다는 것을 수많은 증언을 통해서 확인할 수 있다. 위안부들이 금전 수수를 통해서 돈을 상당히 벌었다는 것은 위안부 자신의 기억이 아니라 위탁 경영자 고헤이의 기억에 불과하다.

교환의 주체가 위안부가 아니라 위탁 경영자라는 점은 위탁 경영자들이 돈을 벌기 위해서 위안부들에게 노예적 삶을 강요하는 중요한 이유가 된다. 이들은 손님(군인)이 많을 때는 하루에도 수십 명의 군인을 상대하도록 강요했다. 이는 육체적으로 견디기 어려운 일이다. 그런데 위안부를 더욱 끔찍한 상황으로 몰아가는 때는 위안부가 임신을 하거나 성병에 걸리는 경우다. 위안부는 임신을 하면 낙태를 강요당했고, 낙태를 하더라도 충분히 쉬지 못하고 몸을 추스르지 못한 상황에서 군인들을 상대해야 했다. 그리고 낙태에 실패해 아이를 낳아도 곧바로 손님을 상대하도록 강요당했다. 그리고 성병에 걸리는 경우에도 성병 주사를 놓아 주고는 바로 손님을 상대하도록 강요당하는 일이 다반사였다.

다케시는 위안부 문제에서 국가의 성범죄적 성격을 약화시키기 위해 위안소의 매춘이 업주와 매춘부(위안부) 사이에 공정한 거래로 이루어졌음을 주장한다. 이는 화대 배분과 더불어 빚의 이자를 통해 여성에게 올가미를 씌우는 일본 공창제의 나쁜 관행이 해군 위안소에는 존재하지 않았다는 주장으로 나타난다. 그는 일본형 공창제는 국가의 엄격한 관리를 받지 않기 때문에 화대 배분과 빚을 통해 여성들에게 올가미를 씌우는데, 군은 위안소를 엄격하게 관리했기 때문에 오히려 일본형 공창제보다 여성들을 우대했다고 주장한다. 물론 그는 일본군 위안소가 인신매매를 통해 위안부를 모집한 비인간적인 제도였음을 언급하는 것도 잊지 않는다. 이를 통해서 그는 국가의 성범죄를 지워 버리려고 했는지도 모른다.

위안소와 위안부 문제를 일본형 공창제도에 혐의를 두는 다케시의 입장 때문에 고헤이처럼 국가가 자행한 성범죄에 협력한 사람의 회상이 핵심적인 가치를 지닌 사료로 이용되고 있다. 사실 일제라는 국가가 저지른 조직적 성범죄 관점에서 본다면, 고헤이의 회상은 국가 범죄에 협력한 사람의 생각이 무엇인지 알 수 있는 참조 자료에 불과하며, 위안소와 위안부를 이해할 수 있는 핵심적인 사료가 될 수 없다. 위안부를 이해하기 위해서는 그녀들 자신의 목소리를 복원하고 기억해야 한다.

1942년 1월의 어느 날 일본군이 콸라룸푸르를 점령했다. 그러나 그것은 우리와 상관없는 일처럼 보였다. 우리는 조그만 우리 마을에서 안전하게 지냈다. 1942년 2월 어느 날 일본군을 가득 태운 트럭 두 대가 우리 마을로 왔다. 바로 우리 어머니 생일이어서 2월이라는 것을 기억한다. 일본군이 우리 마을을 어떻게 찾아냈을까? 서른살 먹은 첩자가 안내를 한 것이다. 어떻게 일본군을 우리 마을로 안내하는 그런 일을 할 수 있단 말인가.

그때 나는 음식을 만드는 중이어서 도망치지 못했다. 무장한 군인들이 느닷없이 마을로 들어와서 도망갈 수도 없었다. 소총을 든 군인 세 명이 우리 집으로 들어왔고, 다른 군인들은 마을로 흩어졌다. 그들은 갑자기 들어와 나를 붙잡았다. 부모님은 나를 구하려고 했지만, 아버지는 머리를 걷어차였다. 피투성이였다. 나도 있는 힘을 다해 반항했으나, 역시 머리를 걷어차였다. 아직도 그 흉터가 있다. 여기 보이지 않는가? 그러고는 그들은 내 팬티를 찢고, 그들 중 한 명이 바지 앞섶을 풀었다. 다른 군인들이 나를 붙잡아 누르고 있는 동안 그는 성기를 내 몸 속으로 집어넣었다. 나는 그가 무슨 일을 하고 있는지도 몰랐다. 나는 그때 세상물정에 깜깜했다. 나는 15살이었고, 아직 초경을 치르지도 않은 상태였다.

그건 정말 고통스러웠다. 피가 흘렀다. 그들은 부모님과 오빠가 보는 앞에서 나를 부엌바닥에 누이고 그 짓을 했다. 세 명의 군인이 돌아가면서 나에게 그 짓을 하고 나더니 나를 끌고 나가 우리 마을의 다른 여자아이들과 함께 트럭에 태웠다. 오빠는 다른 트럭에 태워져 어디론가 끌려갔다. 우리는 오빠를 다시 만날 수 없었다. 내가 트럭에 태워질 때 부모님이 달려 나와 나를 구하려고 했다. 아버지는 상처에서 피를 철철 흘리고 있었다. 그 후 3년 동안 나는 부모님의 마지막 그 모습, 특히 땅바닥에 흘러내린 아버지의 핏자국 때문에 끊임없이 괴로움에 시달렸다.

그러고 나서 나는 잘란 암팡에 있는 2층짜리 방갈로로 끌려갔다. 거기 살고 있던 일본군 장교 여섯 명이 또 번갈아 나를 강간했다. 나는 부모님 생각이 나서 울었다. 머리의 상처에서는 피가 계속 흘렀고, 아랫도리에서도 피가 흘렀다. 그러나 거기 사는 장교들이 내게 똑같은 짓을 또 했다. 나는 부모님과 오빠 생각이 나서 잠도 오지 않고, 먹을 수도 없었다.

방갈로에서 잠시 지낸 후 그들은 나를 역시 잘란 암팡에 소재한 대동아 무도장이라는 곳으로 데리고 갔다. 무희들은 다 위안부가 되어 있었다. 그들은 영어를 유창하게 구사했다. 방갈로에서 있었 던 것과 똑같은 일이 무도장에서도 벌어졌다. 그리고 한 달 후 그 들은 나를 잘란 푸두에 있는 푸두 감옥 건너편의 타이선 호텔로 데리고 갔다.

거기서 나는 더블베드가 있는 큰 방에 묵었다. 하루에 두 끼씩 아 주 간단한 식사가 나왔고, 청소부가 매일 시트를 갈아주었다. 나 는 하루에 열 명 내지 스무 명과 성행위를 해야 했다. 그래서 항상 아랫도리가 쓰라린 상태였다. 아주 벌겋게 성이 나서 쓰라렸다. 섹스란 참으로 고문 같았다.

아. 정말 얼마나 고통스러운지 상상도 못할 것이다. 정말 상상도 못할 것이다! 그렇지만 나는 상냥하게 대해야 했고, 모든 군인들

을 잘 모셔야 했다. 잘하지 못하면 얻어맞았다. 어떤 군인들은 술에 취해 이유를 불문하고 마구 때리기도 했다. 또 어떤 군인은 취해서 할당된 시간 내내 내게 성기를 끼우고 있었다. 그건 참을 수가 없었다. 그래도 참아야 했다.[46]

당시 영국령 말라야에 살고 있던 중국인 마담 X의 체험담이다. 이 체험담을 통해 위안부가 어떻게 강제 동원되었는지 그리고 그 과정에서 어떤 일을 겪었는지 또한 위안부가 어떤 삶을 살았는지 생생한 목소리를 들을 수 있다. 위탁 경영자인 고헤이의 기억과는 전혀 다르다. 아마 다케시는 연구에 이런 위안부의 목소리를 수용하기 어려울 것이다. 위안부들의 목소리가 일제가 저지른 조직적 성범죄를 그대로 웅변하기 때문이다.

현재 일본에는 '자유주의 사관'을 자칭하는 극우 역사학자들이 있다. 이들은 일본의 전쟁 범죄에 관해 어떤 것도 인정하지 않는다. 이들은 이를 인정하는 것을 일본이 자기 스스로를 학대하는 '자학사관'이라 부른다. 자기 잘못을 인정하는 것이 자학인지 아니면 용기 있는 행위인지는 삼척동자도 알 것이다. 이들에게 잘못을 사죄하고 고통당한 사람들에게 배상하는 일은 자기 학대에 불과하다. 당연히 이들에겐 위안부 문제를 국가가 저지른 성범죄로 인정하는 일이 자기 학대다. 이들은 자기 학대에서 벗어나기 위해 위안부의 강제 연행을 뒷받침할 실증 자료가 필요하다는 '문서 자료 지상주의'를 고수하는 '실증사학'을 내세운다. 실증사학은 국가에 의한 공식 문서를 가장 중요한 사료로 본다. 이에 이들은 위안부 범죄를 증명할 공식 문서 사료가 없다는 점을 들어 일제가 저지른 위안부에 대한 성범죄는 없다고 주장한다. 이들은 당연히 위안부의 목소리, 즉 구술 사료는 인정하지 않는다. 이를 이들은 '과학주의'라고 말한다. 이들의 과학주의는 정말 어이없다. 일제가 자신이 저지른 범죄를 스스로 기록하지 않았다고 이 범죄가 없는 일이 되다니 정말로 말문이 막힌다.

'사료'는 역사가에 따라 완전히 다른 의미가 된다. 자유주의 사관의 극우 역사학자들에게 위안부의 구술은 사료가 아니다. 이를 사료로 인정하는 순간 일제의 조직적 성범죄는 현실이 되기 때문이다. 앞에서 본 다케시는 위안부의 구술을 부인하지 않지만 위안부의 구술보다는 고헤이와 같은 위탁 경영자를 통해 위안부의 삶을 듣는 것을 더욱 중요시한다. 물론 그것은 위안부의 목소리를 배제하려는 고도의 전략이다. 위안부의 목소리는 위탁 경영자의 목소리를 통해서 왜곡되어 복원된다. 이로써 위안부 문제는 국가의 성범죄보다는 일본형 공창제도에 더욱 혐의를 두는 것으로 바뀌게 된다. 이에 비해 국가 성범죄의 피해자인 위안부의 삶을 복원하고 일본으로부터 공식 사죄와 배상을 바라는 이들에게는 위안부들이 직접 전하는 목소리가 어느 누구의 목소리보다 중요한 사료가 된다. 우리는 누구의 목소리를 기억하고 복원해야 할까?

역사와
'사회적 기억'

3장

역사는 사회적
기억이다

앞에서 역사의 시간성에 관해 살펴보았다. 역사는 현재를 대변하는 역사가와 과거로 들어가는 통로인 사료의 끊임없는 대화를 통해서 만들어진다는 사실도 확인했다. 물론 이 과정에 역사가의 사회의지가 깊숙이 내재하고 있다. 역사가가 구성한 역사는 한마디로 '과거의 이야기'다. 물론 이 이야기는 역사가의 자유로운 창작이 아니라 사료라는 객관적 근거를 가진 이야기다. 그런데 과거의 이야기를 말하는 순간 옛일을 떠올리는 일이 된다. 옛일을 떠올리는 일은 과거를 기억하는 일이다. 물론 역사는 단순히 한 개인이 지나간 일을 추억하는 일이 아니다. 역사가들이 떠올리는 과거의 기억은 개인의 추억이 아니라 사회적 기억이다. 역사가의 연구 행위가 사회적 과정이듯이 그 결과물로 탄생한 역사 역시 사회적 기억이라 할 수 있다. 그런데 역사가가 과거를 연구해 재생해 낸 기억은 책이나 논문이라는 형태로 존재한다. 물론 책이나 논문 형태로 존재하는 기억은 엄밀히 말하면 기억의 저장고 역할을 한다고 해야 할 것이다. 완전한 사회적 기억이 되려면 기억의 저장고에서 꺼내 사람들에게 전달하고, 사람들이 생생하게 떠올리는 기억으로 전환시켜야 한다. 냉장고에 있는 음식도 사람이 꺼내 먹어야 음식으로서 제 역할을 할 수 있지 계속 냉장고에만 있으면 썩어 버릴 테니까.

역사의 저장고에서 꺼내 대중에게 전달해 대중의 기억으로 전환하는 방식은 다양하다. 어릴 때 누구나 한 번쯤은 위인전을 읽은 경험이 있을 것이다. 세종대왕의 전기를 읽는 순간 그 아이는 세종에 대한 기억을 갖게 된다. 이와 비슷한 과정은 학교에서 배우는 역사교과서, 아니면 서점에서 한 자리를 차지하는 역사교양서나 전문 서적을 읽는 순간 일어난다. 사람들은 역사책을 읽는 순간 이전에는 머릿속에 없던 과거의 기억을 형성하게 된다. 그런데 현대사회에서는 이런 역할을 가장 크게 하는 매체가 드라마나 역사 교양 프로그램 같은 방송이다. 특히 드라마는 대중들이 가장 효과적으로 과거의 기억을 되살리게 한다. 드라마는 책을 읽거나 딱딱한 교과서를 공부할 때보다 훨씬 효과적으로 대중이 기억을 형성하는 도구다. 물론 이 과정에서 드라마인 사극이 간혹 역사 왜곡 논쟁에 휩싸이기도 한다. 이런 논쟁은 그만큼 사극이 대중에게 행사하는 영향력이 크다는 것을 방증하는 셈이다.

수년 전 인기리에 방영된 '태조 왕건'이라는 사극이 있다. 이 사극은 그동안 잘 다루지 않은 후삼국의 역사를 다뤘다. 시청자들은 드라마를 보고 기억에서 사라진 후삼국의 역사를 다시 떠올렸을 것이다. 딱딱한 글을 통해 재미없게 익히는 것이 아니라 재밌는 드라마를 통해 그 내용이 전달되었기 때문에 사람들은 보다 생생하고 구체적인 기억을 갖게 되었을 것이다. 그리고 그 기억은 오래간다.

태조 왕건을 시청한 사람들이 재생한 후삼국시대에 대한 기억은 단지 개인적이지 않다. 비록 드라마를 시청하는 행위는 개인적 선호에 따르지만, 그 이면은 사회적 행위다. 우선 드라마를 만들려면 대본이 필요하다. 작가는 후삼국시대의 역사를 다루기 때문에 역사학자들의 연구 성과를 일정하게 수용하거나 자신들이 직접 연구한 것을 토대로 대본을 집필한다. 이런 과정을 통해 대본을 만들면, 드라마로 만들어야 한다. 이에 연출가의 감독 아래 연기자들이 실감 나게 연기를 한다. 이를 필름에 담고, 방송기기를 통해 편집한다. 그리고 편집된 방송을 전파를 통해 각 가정으로 송출함으로써 시청자인 개인이 시청한다. 그러므로 드라마를 제작하는 일은 사회적 행위가 되고, 이런 드라마를 시청하는 개인의 행위도 사회적 행위가 되는 셈이다. 그런데 이런 사회적 행위는 사회적 기억 창출 회로로 편입되는 과정이다. 태조 왕건을 시청한 사람들은 이미 개인이 아니고 집단으로 존재하며, 이들은 후삼국에 대해 거의 동일하거나 비슷한 기억을 갖게 된다. 즉 태조 왕건의 시청에 동참한 사람들은 후삼국에 대한 기억을 공유하는 집단, 즉 집합기억의 소유자가 된다.[47]

사람들의 집합기억은 사회적으로 동일한 형태로 존재하지 않는다. 사실 특정 사건을 기억하는 방식이 개인에 따라 다르듯 사회적 기억도 동일하지 않다. 가령 박정희 시대를 기억하는 방식은 사회 집단에 따라 다르게 나타난다. 가난에서 벗어난 아름다운 시대로 기억하고 그리워하는 집단이 있는가 하면, 끔찍한 독재의 시대로 기억하는 사람들도 있다. 이처럼 다른 집합기억을 가진 사람들 사이에는 사회를 바라보는 방식과 사고에 큰 차이가 있고, 결국 이는 사회적 행동 양식 차이로 나타난다. 이런 차이 때문에 이들 집단 간 갈등하고 대립하는 양상이 나타나기도 한다. 기억은 단지 과거의 일을 떠올릴 뿐 아니라 현재적 삶에 상당한 영향을 미친다. 그러므로 사회적 기억의 의미에 대해서 생각해 보는 일이 역사를 이해하는 데 중요하다고 할 수 있다.

민족과 집합기억 그리고 기억의 정치

근대 사회에서 역사란 어떤 의미일까? 역사가 사회적 기억이라면, 이 사회적 기억은 왜 필요할까? 왜 역사학자들은 그토록 과거를 열심히 연구할까? 단지 과거를 알고 싶다는 지적 호기심을 충족하기 위해서일까? 인간은 호기심과 관심을 가지고 과거의 발자취를 알고 싶어 한다. 자신의 삶이 과거로부터 지속되었다는 생각에 과거에 관심을 갖는지도 모르겠다. 그게 아니라면 지나간 과거의 추억을 먹고 사는 인간들이 과거를 탐구하는 것은 본능인지도 모른다. 그러나 본능적인 욕구를 충족하려는 노력도 결국 역사가들이 살아가는 시대적 상황에 따라 규정된다. 가령 왕조시대의 역사가는 두 목적을 위해 역사를 만든다. 하나는 왕조와 왕의 정통성을 세우기 위함이다. 고려 왕조가 삼국 중 신라를 정통으로 계승했는지, 고구려를 계승했는지에 대한 관심이 그러하다. 다른 하나는 '체용론體用論'[48]에 따른 역사다. 이때 역사는 통치의 교훈을 위해 기록된다. 왕은 전대 왕들의 역사를 통해서 교훈을 얻고 이를 세상을 다스리는 전범으로 삼는다. 이런 측면에서 당대의 역사 기록은 왕에게 두려운 일이기도 하다. 자신의 통치 행위가 후대 왕들의 전범이 되기 때문이다.

그렇다면 근대 사회도 왕조시대와 같은 목적을 위해 역사를 서술할까? 근대 사회에서 역사의 가장 중요한 목적 중 하나는 민족의식(또는 정체성)을 형성하기 위함이라 할 수 있다. 우리는 흔히 자신을 '한민족' 또는 '배달민족'이라 칭하면서 '같은' 민족이라 생각한다. 심지어 우리는 단군의 자손으로 혈통이 같다고도 생각한다. 이는 역사적 실제와 무관하다. 한민족을 구성한 집단은 여러 갈래고 역사적 과정에서 다양한 혈통이 섞인 것도 부정할 수 없는 역사적 사실이다. 그런데도 우리는 단일혈통에 대한 강한 믿음을 갖고 단일민족이라고 생각한다. 나아가 단일 민족인 우리는 같은 역사, 즉 과거에 대한 동일한 기억을 가진 집단이라고 믿는다. 물론 이런 기억은 태어나면서부터 본능적으로 나타나는 것이 아니다. 말도 배워서 사용하듯 과거에 대한 기억도 민족사를 배움으로써 형성하게 된다. 우리가 민족사를 배우지 않았다면 우리가 가진 과거에 대한 공통의 기억은 없을지 모른다. 국가는 학교를 통해 국민들이 동일한 기억을 가질 수 있도록 사회구성원들을 교육한다. 학교 교육을 통해서 형성되는 민족사는 엄밀히 말하면 국가가 국민들에게 주입하는 집합기억이다. 이는 국가가 사회 구성원들이 민족사라는 동일한 집합기억을 가지길 의도한다는 사실을 의미한다.[49]

예컨대, 지나가는 사람에게 우리의 시조가 누군지 물어보라. 아마 거의 모두 '단군'이라 답할 것이다. 우리는 단군이 세운 '고조선'을 우리 민족 최초의 국가라고 알고 있다. 고조선 건국과 관련된 '단군신화'는 우리가 가진 공통의 기억이다. 이를 통해 우리는 한민족이라는 정체성을 끊임없이 확인한다. 심지어 우리는 고조선을 건국한 날을 '개천절'이라는 이름으로 기념함으로써 공식기억으로 만들기도 한다. 우리의 민족적 집합기억은 고조선에서 그치지 않는다. 고조선은 한나라에 의해서 망하고, 한사군이 설치되었지만 한민족은 끊임없는 저항을 통해 한나라의 지배에서 벗어나 독자적인 국가들을 세웠다. 고구려, 부여, 옥저, 동예, 삼한 등 한사군 설치 이후 한반도에 세워진 여러 소국이 바로 우리 민족이 독자적으로 세운 국가들이다. 이 소국들이 통폐합하면서 삼국시대로 넘어간다. 고구려, 백제, 신라 삼국은 팽창 과정에서 서로 충돌하게 되는데, 이 과정에서 삼한일통이라는 대업을 신라가 완성해 통일신라가 도래한다. 물론 신라에 의한 삼국통일은 당이라는 외세에 의존한 불완전한 통일이었다. 이에 고구려 유민들은 만주 지역에서 발해라는 국가를 수립해 통일신라와 함께 공존하는 남북국시대가 열린다.

이 시대를 대상으로 중국이 동북공정을 통해서 발해를 자신의 지방정권이라 규정하면서 역사 귀속 논쟁을 촉발한 사실은 흥미롭다. 발해는 한반도에 중심을 두지 않고 중국 영토인 만주 지역에 자리를 잡은 나라다. 그리고 주민의 대부분도 말갈 부족이었다. 말갈족은 후에 여진이라 불리는데, 여진은 청을 세워 중국 대륙을 점령한 후 한족과 융화된다. 이런 점에서 발해를 중국의 역사로 규정하는 것도 전혀 근거가 없지는 않다. 그러나 당시 중국 국가인 당나라는 말갈족을 오랑캐로 취급했고, 발해와 사대관계를 유지했기 때문에 이제 와서 자신들의 지방정권이었다고 규정한다면 어불성설이다. 동북공정에 맞서 우리는 발해가 한반도 북쪽을 차지했고, 고구려계 유민이 주도해 세운 나라며, 일본에 보낸 국서에 고구려를 계승한 국가임을 명기했다는 점을 들어 우리 역사로 규정한다. 발해를 우리의 역사로 보아야 한다는 주장은 조선 후기 유득공의《발해고》에서 처음 제기되었고, 그 이전까지 남북국이라는 의식이 존재하지는 않았다. 중국과 마찬가지로 발해는 오랑캐의 나라이며, 실제 발해를 구성하는 주민의 대다수는 말갈족이었다. 이런 측면에서 보면 발해를 완전히 우리의 역사로 보기에도 뭔가 애매하다. 결국 발해를 누구의 역사로 봐야 하는지는 상당히 어렵다. 그런데 발해의 역사 귀속 논쟁은 근대 민족국가가 태동한 이후 역사와 기억의 소유권 문제가 존재한다는 사실을 보여 준다는 점에서 주목해 볼 만하다.

　발해를 둘러싼 이런 논란에도 불구하고 남북국시대는 여전히 민족사며, 이 시대를 이어서 한반도 남쪽에서는 후삼국시대가 도래하고 결국 고려가 재통일한다. 이때 북쪽의 발해는 요나라에 의해 멸망하고, 유민 일부가 고려에 흡수되어 만주는 민족사의 영역에서 멀어지게 된다. 발해를 흡수한 고려는 약 500년 가까이 지속되다가 이성계의 역성혁명에 말미암아 조선으로 바뀌고, 조선은 대한제국을 거쳐 일본의 식민지로 전락한다. 이어진 2차 세계대전의 패전으로 일제는 패망하고, 1945년 식민지 조선은 해방되는데, 이후 통일국가 수립에 실패해 남쪽과 북쪽에 각각 국가가 수립되었다. 그 결과 동족상잔의 비극이 일어났고, 지금까지 분단체제로 이어지고 있다. 이런 대강의 역사적 흐름이 우리가 공유하는 기억이자 국가가 공인하는 '공식기억'이라 할 수 있다. 그리고 이런 공통된 기억이 바로 우리가 같은 민족이라는 생각을 갖게 한다. 민족사는 민족적 정체성 형성의 핵심 요소다. 그런데 우리가 공통적으로 공유하는 공식기억과는 다른 기억을 가진 사람들이 있다.

> 배달국 초기에는 한웅이 요하 서쪽지역에서 개국하여 중국과 한국은 단일 연방국 형태하에 있었다.
> 중국의 조상이라고 하는 반고盤固가 한웅에게서 갈려나가 중국 삼위산에 건국하여 한웅배달국의 연방제후국이 되었으며 또 강수, 회수, 형주 땅에 살던 삼묘족三苗族은 이미 고대 한국 시대부터 있었으므로 한국과 중국의 처음 조상은 아니다. 그러나 엄밀히 따지면 반고는 한웅의 직계자손은 아니지만 중국과 한국은 서로 반고와 한웅이 각기 조상이라고 나눌 수가 없다. 두 민족은 인

종적, 혈통적으로 완전히 구분되는 것이 아니라 같은 민족을 중국 측에서는 동이 또는 묘족이라 부르고 한국 측에서는 한족(배달족) 이라 불렀으니 명칭만 다르기 때문이다. 그러므로 한웅과 반고는 모두 조상이다. 반고는 한웅의 제후였으니 국가와 민족의 시조는 당연히 한웅이다.[50]

《다물한국사》라는 책에 실린 이 글에 따르면 한민족의 시조는 단 군이 아닐 뿐만 아니라 최초의 국가도 고조선이 아니다. 고조선 이전 에 이미 배달국이 있었다는 이야기다. 중국의 조상 반고는 배달국의 한웅에게서 갈라져 나갔으며 그 반고가 세운 국가는 한웅·배달국의 연방제후국이었다는 놀라운 주장이다. 한마디로 말하면 중국은 한민 족에서 갈라진 민족으로 그 뿌리가 한민족이라는 말이다. 중국은 한 민족의 아류민족이며 그 문화도 아류에 불과하다고 주장하는 셈이 다. 이들의 이런 주장은 정말로 충격적일 수밖에 없다. 이들의 주장 은 여기서 그치지 않는다.

이 손바닥만한 한반도에 살고 있는 우리는 대단한 자부심과 영광 을 가져도 되는 것이니, 그것은 세계의 모든 것을 다 가지고 있기 때문이다.

흩어져서 이동된 세계의 다른 민족들은 부분적으로 가졌으나 이 상하게도 우리에게는 모든 것을 다 가지고 있는 실로 기묘한 민족 이다. 그것은 백두산 남북이 바로 인류의 뿌리였기 때문이다.[51]

이들은 한민족이 인류 문명의 원류라고 주장한다. 이들에 따르면 한민족 역사의 기원은 앞에서 언급한 배달국 이전에 존재한 고대 '한국'에 있다. 그런데 인류 문명도 우리 민족 최초의 국가인 고대 한국에 뿌리를 두고 있다. 이들은 공자와 석가모니 그리고 예수까지도 한민족에서 갈라져 나왔다고 주장한다. 세계 종교도 한민족에 근원을 둔 것이다. 그렇다면 인류 최초의 도시 문명이라 알려진 고대 메소포타미아의 '수메르'는 누구의 문명일까? 이 또한 당연히 한민족의 한 갈래여야 함은 불문가지다.[52]

이들이 내세운 한국사의 기억은 매우 자랑스럽고 뿌듯하기는 하지만 냉철하게 생각하면 뭔가 황당하고 말이 되지 않는다. 오히려 이들이 왜 이런 황당한 주장을 할까라는 의문이 자꾸 든다. 이들은 도대체 이런 주장을 통해서 무엇을 얻으려고 하는 걸까? 이들은 스스로 우리가 '민족적 영광과 자부심'을 갖기를 바란다고 말한다. 이는 민족적 우월주의에 입각한 역사의식의 발로다. 민족적 우월주의는 타민족을 깔보는 배타적 감정을 갖게 하는데, 이를 배타적 민족주의라 한다. 배타적 민족주의의 전형으로 군국주의시대의 일본과 히틀러 시대의 독일이 제3제국을 건설하기 위해 전쟁을 일으킨 역사가 있다.

우리 대부분이 공유하는 공식기억은 이들의 주장을 쉽사리 받아들이지 못한다. 이성적이고 냉철하게 생각하면 이들의 주장은 쉽게 수용하기 어렵다. 이에 이들은 우리의 공식기억에 균열을 내고 자신의 기억을 심기 위해 부단히 노력한다. 기억을 둘러싼 사회적 투쟁을 부단히 전개하는 것이다.

> 그렇다면 김부식이 잘못했다 하더라도 그 이후의 사가史家들은 무엇을 했길래 김부식만 욕하고 매도하면서 900여 년이나 허송했으며, 오늘날 권위 사학자라고 하면서 김부식을 사대주의자로 몰아붙이고 일본의 역사 말살을 규탄하면서도 밝혀내지 못했느냐는 지탄을 면할 수 있는 자가 그 누구이겠는가? 김부식과 다른 점이 무엇이겠는가? 더욱이 중국의 사서에 있으면 우리 역사가 있고 중국의 사서에 없으면 우리 역사가 전부 허위라고 하는 사고방식이 바로 철저한 사대주의임을 모르면서 불신이나 배척만 해서야 되겠는가?[53]

《다물한국사》를 쓴 다물사학자 유왕기는 기존 역사가들을 사대주의자라고 공격한다. 그에 따르면 당연히 우리가 공유하는 민족사의 공식기억도 사대주의에 물든 학자들이 연구한 것을 수용한 엉터리 기억이다. 그를 포함한 이들은 이런 잘못된 기억을 걷어 내고 다물한국사를 공식기억으로 만들기 위해 투쟁한다. 물론 이들의 시도는 그리 성공적이지도 못하고, 소수를 제외하고는 사람들의 관심 대상이 되지도 못했다.

그렇지만 다물한국사가 민족에 관한 공식기억과는 다른 기억이 존재할 수 있다는 점을 보여 준다는 점에서만큼은 주목해야 한다. 민족에 관한 사회적 기억은 하나가 아니라 여럿으로 분열할 수 있다.

그리고 다른 기억을 가진 집단 사이에 기억을 둘러싼 투쟁이 부단히 발생할 수 있다. 다물한국사는 기존의 공식기억이 사대주의에 물들었다고 비판함으로써 자신들이 가진 기억을 공식기억의 지위로 올려 놓으려고 시도했다. 이러한 기억을 둘러싼 대립과 투쟁을 '기억의 정치'라고 부른다. 기억의 정치는 바로 사회의지 상호 간의 투쟁이며, 이는 사회가 나아가야 할 방향과 밀접히 관련을 가진다. 가령 군국주의시대 일본의 극우 역사학자들이 '수메르'를 '일본족'이라 주장해 일본이 인류 문명을 최초로 연 민족이라는 기억을 일본인들이 갖도록 노력한 적이 있다. 물론 이는 일본족의 우월함을 드러냄으로써 열등한 타민족에 대한 지배를 정당화하기 위한 기억투쟁이었다. 이런 기억을 가진 일본인들은 '대동아공영권' 실현이라는 침략전쟁을 숭고한 일본인의 사명으로 여기게 되었다. 그래서 천황과 대동아공영권 실현을 위해 기꺼이 목숨을 버릴 수 있었다. 이처럼 기억투쟁은 사회가 나아가야 할 방향과 밀접히 연관된다.

이제부터 기억을 둘러싼 사회적 투쟁의 역사를 살펴보고자 한다. 한국 사회의 기억투쟁에서 반공과 '빨갱이' 문제만큼 치열하게 전개된 주제도 없다. 이는 반공국가를 수호하려는 세력과 민주주의를 염원하는 사람들 사이에 벌이진 기억투쟁이다. 그리고 현재도 이 기억투쟁은 끝나지 않았다. 이 문제를 고찰하는 것은 한국 사회가 어떤 미래를 가져야 할지에 대해 생각해 보기 위함이다.

빨갱이란 무엇인가

이 문제를 본격적으로 살펴보기 전에 현재 학생들이 빨갱이를 어떻게 생각하는지부터 살펴보자. 지금 고등학생들은 민주화 이후 세대로서 반공교육을 거의 받지 않고 자라났다. 그렇다면 이들의 생각은 한국 사회가 반공사회를 완전히 탈피했는지를 보여 준다고 할 수 있다.

학생들에게 '빨갱이'라면 어떤 이미지가 떠오르고, '빨갱이'가 무엇이라 생각하는지 물어보았다.[54] 이 물음에 많은 학생이 빨갱이를 북한이나 공산주의와 연결시켰다. 물론 그 이미지는 대부분 부정적이다. 전체 학생 서른일곱 명 중에서 대답하지 않은 한 명을 제외하고 서른여섯 명의 대답 중 순수하게 공산주의와 공산당만을 생각한 학생이 세 명이다. 그리고 북한과 공산주의를 동시에 떠올린 학생이 여섯 명, 북한과 공산주의를 떠올리지 않고, 그냥 "더럽고 잔인하고 뒤통수를 잘치고 파렴치한 인간도 아닌 짐승만도 못한 놈"과 같이 부정적인 이미지로 생각한 학생이 세 명이었다. 아마 빨갱이는 어린 학생들에게도 악의 화신인가 보다. 그리고 한 명은 정말 아무런 연관도 없어 보이는 '일본인'을 떠올렸다. 이는 일본에 대한 좋지 못한 민족적 감정을 가진 학생이 또 다른 부정적 이미지의 대명사인 빨갱이와 연결시킨 결과인지도 모르겠다. 이런 대답 외에 나머지 스물여섯 명은 모두 '북한'과 관련된 부정적 이미지를 떠올렸다. 북한과 연결시킨 학생 중 단순히 '김정일'을 떠올린 학생 한 명을 제외하면, 북한의 인민군이나 간첩 등과 연관시키는 학생이 상당수였고 심지어 보통의 북한 사람들을 떠올린 학생들도 있었다. 북한과 관련된 부정적 이미지 중에 빨갱이를 '학살자'로 생각한다는 대답은 주목해 볼 만하다. 사람들을 아무렇지도 않게 마구 죽이는 존재가 바로 빨갱이이고, 이 존재가 북한의 이미지와 겹쳐진다는 대답이었다.

이처럼 학생들도 '빨갱이' 하면 공산주의나 북한과 관련한 이미지를 떠올린다. 그렇다면 학생들은 북한에 대해서는 어떻게 생각할까? 학생들에게 '북한' 하면 어떤 이미지와 생각이 드는지 물었다. 학생 서른일곱 명 중 '같은 민족'이라고 대답한 학생은 단 한 명뿐이었다. 그런데 이 학생도 북한을 "인종과 문화는 비슷하나 사상의 차이를 가진 나라로 경제적으로 가난하다"고 답했다. 그런데 거의 모든 학생이 북한을 가난한 나라로 생각했다. 학생들의 답에 따라 살펴본 북한 이미지는 다음과 같다. "가난, 핵, 독재, 전쟁, 군대, 공산주의, 집단주의, 자유의 부재, 가난한 국민과 대비되는 잘살고 못 된 돼지 같은 지배층이 존재하는 나라, 고집이 세고 나대는 국가" 등. 이런 이미지를 집약적으로 보여 주는 학생이 있었는데 이 학생은 북한은 "센 척한다, 나댄다, 초딩같다, 핵, 기아, 학대, 못산다, 거지다, 키 작다, 못생겼다" 등이라고 답했다. 그런데 그냥 욕만 하는 일부 학생도 있었다. 한 학생은 "버러지, 개념 상실"이라고 하는가 하면, 또 다른 학생은 그냥 "개새끼'라고 했다. 이유 없는 증오심이라고밖에 달리 생각할 수 없다. 그런데 안타까운 건 학생들이 가진 북한에 대한 부정적인 이미지 속에 "무지한 백성들"이라는 대답이었다. 이는 북한을 열등하게 보고 비하하는 것이다.[55] 우월의식을 가진 사람들이 열등한 사람들과 어떤 관계를 맺을지 정말 슬프기 그지없다.

　이상에서 살펴보았듯, '빨갱이'는 '공산주의'나 '북한'과 연결되고, 그 이미지는 "버러지"나 "개새끼" 같은 극단적인 언어로 폄하되거나 증오감을 불러일으켰다. 물론 학생들이 북한을 부정적으로 생각하는 것은 반공교육 때문이 아니다. 아마 반공교육을 받았으면 뿔 달린 악마나 짐승 같은 이미지라고 답했을 것이다. 그러나 학생들의 생각은 아주 구체적이다. 가난, 핵, 독재, 집단주의, 자유의 부재 등과 같은 답이 이를 잘 보여 준다. 학생들이 가진 북한에 대한 이미지가 단순히 북한을 악의적으로 선전하는 반공교육에서 형성된 것이 아니라 현재 북한이 하고 있는 행태로부터 비롯되었음을 알 수 있다. 그렇지만 학생들이 가진 이미지의 대부분이 미디어를 통해서 북한과 대결을 조장하고 폄하하는 내용을 일방적으로 수용했다고 할 수 있다. 그리고 이런 부정적인 이미지를 가진 북한을 빨갱이와 거의 자동적으로 연결시키고 있다. 이는 한국 사회가 여전히 반공사회를 탈피하지 못했음을 보여 주는 강력한 증거다.

　1948년 8월 15일 대한민국 정부가 수립되면서 한국 사회는 반공사회로 자기 정립했다. 반공사회에서 빨갱이는 사회를 무질서와 혼란으로 몰고 갈 두려움과 공포의 대상이었다. 빨갱이는 사회적으로 용인될 수 없으며 추방되어야 했다. 그러나 지금은 민주화가 되어 '빨갱이'라는 말을 예전에 비해 많이 사용하지 않고 있다. 그 대신 빨갱이라는 말이 '좌파'라는 말과 호환되어서 불리고 있다. 빨갱이라는 말은 그 자체로 무시무시하고 강한 어감을 가지기 때문에 시대적 분위기에 맞게 상당히 순치되어 사용되는 것이 아닌가 한다. 그러나 빨갱이라는 말과 호환되어 사용되는 좌파라는 단어도 그 의미에서 빨갱이를 크게 벗어나지 못했다.

사실 좌파와 우파는 정치사회적 이념 차이를 가지는 집단을 지칭하는 말이다. 우파가 있다면, 당연히 좌파가 존재해야만 한다. 만약 좌파라는 말 자체가 사회에서 그 집단을 배제하기 위함이라면, 그 사회는 이미 사상과 표현의 자유가 심각하게 제약되고 경직된 사회다. 시장과 시장에서의 자유와 경쟁을 중시하는 보수적 우파와 달리 좌파는 시장 규제와 보편복지를 통한 평등을 중요시하는 정치사회 이념을 가진 집단이다. 우파의 이념이 사회적으로 인정될 수 있듯 좌파의 이념도 사회적으로 인정되고, 서로 공존할 수 있어야 한다. 그런데 한국 사회에서는 '좌파'라는 말이 붙으면 이미 대화의 상대가 아니다. 좌파는 사회를 혼란과 무질서로 몰아갈 존재며, 사회적으로 용인할 수 없는 존재기 때문이다. 그런데 정말로 좌파, 아니 빨갱이는 사회적으로 용인할 수 없을까? 세상에 서로 용인하고 대화할 수 없는 존재란 정말로 있을까? 그렇다면 과연 빨갱이가 무엇이기에 이런 존재로 이해할까?

다소 도발적인 질문으로 보일지 모르겠다. 사실 빨갱이라는 말은 너무나 자명해서 이런 질문 자체가 불편한 사람들도 많을 것이다. 그런데 세상의 많은 것이 그렇듯 어떤 단어의 개념을 정의하는 일은 그리 쉽지 않다. 너무나도 자명한 말은 더 어려울지 모르겠다. 누구도 의심하지 않았기에, 그 의미를 단 한 번도 생각해 보려 하지 않았기 때문인지 모르겠다. 아마도 한국 사회에서 빨갱이는 바로 이런 개념이 아닐까. 그렇기 때문에 우리는 깊게 생각해 볼 필요가 있다. 왜 이 말은 누구도 의심해서는 안 되는 그런 개념이 되었는지, 아니면 이 말의 의미를 생각해 보는 것 자체를 불온한 사고로 생각하게 되었는지를. 빨갱이는 과연 무엇인가?

앞에서 '빨갱이' 하면 가장 먼저 공산주의자를 떠올린다고 했다. 빨갱이와 공산주의자는 연관성은 있으나 전혀 다른 개념이다.

빨갱이에 대한 이미지는 식민지 시대에 만들어지기 시작했다. 우리 역사에서 공산주의 이념이 수용되고, 공산주의자가 등장한 때는 1920년대다. 그런데 이때 대두된 공산주의자들은 국내에서 누구보다 일제와 치열하게 독립투쟁을 전개한 사람들이다. 일제는 1925년 '치안유지법'을 제정해 공산주의자들을 탄압했다. 일제는 공산주의자에 대한 탄압을 정당화하는 방법 중 하나로 이들에 대한 부정적 이미지를 만들었다. 이에 일제는 조선의 공산주의자들을 적색분자, 곧 '빨갱이'로 몰았다. 이때 빨갱이는 "자신의 사상(주의)을 위해서는 부모형제마저도 이용해 먹을 정도로 간교하며, 목적을 위해서는 수단과 방법을 가리지 않는 흉포한 냉혈인간"이라는 의미다. 이런 언어 테러는 사람들로 하여금 공산주의자 근처에만 가면 큰일 날 으스스한 범죄자요, 이유 불문하고 중벌을 면치 못할 사람이라는 생각을 갖게 만들었다.[56] 공산주의자는 상종하지 말아야 할 냉혈인간 같은 존재가 된 것이다. 어떤 사상을 가진 존재가 인간 이하의 존재로 전락하기 시작해 빨갱이란 의미를 가지게 된 것이다.

　일제시대 '냉혈인간'이 된 공산주의자는 해방 후 부정적인 이미지를 더 강하게 갖게 된다. 먼저 해방 후 기독교의 반공투쟁 과정에서 형성된 빨갱이에 대한 이미지를 들 수 있다. 사실 많은 기독교도는 일제 말기 '귀축영미', 즉 귀신과 짐승인 미국과 영국을 박멸하자는 구호를 내걸고 일제의 반미 성전에 적극 동참했다. 당연히 이들의 친일 행위는 해방 후 단죄의 대상이 되어야 했다. 그런데 이들은 살아남기 위해 박쥐처럼 자기 변신을 꾀했다. 이들은 아무런 반성도 없이 누구보다 재빨리 어제의 적인 미국에 빌붙는 친미주의자로 돌변했고 반공 · 반소투쟁에 앞장섰다. 이들의 반공 · 반소투쟁은 성스러운 '기독교 수호투쟁'이었으며, 이에 공산주의자와 투쟁은 '악마와 천사 간의 전쟁'이었다. 이제 공산주의자는 기독교에 의해서 '악마'라는 이미지를 서서히 갖게 된다. 이제 공산주의자는 인간이 아닌 악마 같은 빨갱이가 된 것이다.

　해방 후 냉혈인간이나 악마보다 빨갱이를 가장 많이 표현한 다른 이미지가 '흡혈귀'다. 사람들을 아무 죄의식 없이 개구리 잡듯 죽이는 살인귀들, 한마디로 말하면 피를 좋아하는 흡혈귀가 바로 빨갱이가 된 것이다. 사실 빨갱이라는 말에 피의 빨간색 이미지가 더해진 것이다. 이들은 흡사 흡혈귀마냥 피에 굶주려 사람을 마구 죽이는 존재가 되었다.

　빨갱이는 자신의 목적을 위해서 부모형제도 모르는 냉혈인간이며, 피를 좋아해 사람을 마구잡이로 학살하는 악마의 화신인 흡혈귀다. 사람을 마구잡이로 죽이는 악마의 화신인 흡혈귀들을 어떻게 해야 할지 물으면 대답은 뻔하다. 이에 해방 후 '빨갱이 사냥'이 벌어졌다. 빨갱이, 아니 흡혈귀이자 악마의 화신인 이들은 세상에서 없어져야 할 존재이기 때문에 이들은 '박멸'의 대상으로 전락했다. "너 빨갱이지?"라는 말 한마디가 무엇을 의미하는지 이제 명확해졌다. 빨갱이, 이들은 한국 사회에서는 박멸되고 사라져야 할 존재다.

과연 공산주의자는 빨갱이일까? 공산주의자는 "자본주의 사회가 가진 모순을 극복하고 만민의 평등한 공산주의 사회를 건설하겠다"는 신념과 이데올로기를 가진 사람들, 즉 마르크스-레닌주의자들이다. 물론 이들이 가진 신념은 소련이 해체되고 동구권이 몰락하는 역사적 경험을 통해서 실패했다. 그러나 실패한 신념을 가진 사람들이라고 해서 이 세상으로부터 추방되고 박멸되어야 할까? 가까운 이웃나라 일본만 해도 비록 소수 정당이긴 하지만 공산당이 존재한다. 게다가 일본 공산주의자들은 시민의 일원으로 자신의 시민적 권리에 합당하게 정치권력을 획득하기 위한 정치활동을 한다. 이들은 어떤 사상과 주의 주장을 가진 사람일 뿐 흡혈귀도 악마의 화신도 아니다. 이들은 공산주의자라는 사실 자체만으로 처벌받지 않는다. 이는 일본뿐만 아니라 공산당이 존재하는 많은 나라에서 마찬가지다. 이런 나라에서 공산주의자는 이념과 주의 주장을 가진 사람일 뿐 빨갱이는 아니다.

하지만 한국 사회에서 공산주의자는 공산주의자라는 사실 자체만으로도 처벌의 대상이 되거나 사회적으로 추방된다. 국가보안법이 시퍼렇게 살아 있는 한국 사회에서 공산주의자는 여전히 빨갱이와 동일시된다. 이들은 어떤 신념과 이데올로기를 가진 존재가 아니라 박멸되어야 할 존재다. 그런데 적어도 한국 사회에서 공산주의자가 빨갱이와 정말로 다르다고 할 수 있을까? 어쨌든 한국 사회에서 공산주의자가 빨갱이로 된 데는 역사적 근거가 있지 않을까? 그들이 해방 후 인민재판을 열어서 사람들을 '반동분자'라는 이름으로 학살하지 않았나?[57] 이를 단순히 감정적으로 생각해서는 곤란하다. 이들이 '반동'의 이름으로 학살을 자행했다면, 이는 역사적 범죄 행위로서 그에 맞는 역사적 단죄와 합당한 처벌을 해야 한다. 물론 공산주의자들이 저지른 학살을 역사적으로 단죄하고 처벌한다는 일이 현실적으로 거의 불가능할지도 모르겠다. 그렇다고 할지라도 공산주의자들이 저지른 역사적 범죄 때문에 이들을 빨갱이로 이해한다면 곤란하다. 사실 근대 사회에선 어떤 범죄를 저지른 사람이라도 법에 따라 처벌하면 된다. 이것이 바로 법치주의고, 천부인권의 원리라는 인류의 보편적 가치를 지키는 방법이다. 그런데 불행히도 우리 역사에서 공산주의자는 빨갱이라는 이름이 붙는 순간 이미 인간이 아니었으며, 단지 박멸되어야 할 대상이었을 뿐이다.

공산주의자와 빨갱이가 다르다는 사실을 아무리 논리적으로 이야기해도 많은 사람이 이를 수용하지 않을지도 모르겠다. 공산주의자가 빨갱이라는 이야기가 논리 이전에 '감정적 당위'로 수십 년간 통용된 한국 사회에서 공산주의자는 당연하게도 빨갱이기 때문이다. 그런데 이제는 이런 감정적 당위에서 벗어나야 한다.

빨갱이라는 이름으로 학살당한 사람 모두가 공산주의자였는지를 생각해 봐야 한다. 해방 후 아름다운 섬 제주도에서는 최초로 빨갱이라는 이름으로 대규모 학살이 자행된 '4·3사건'이 일어났다. 우리는 1948년 4월 3일 시작된 이 미증유의 학살 사건에서 공산주의자와 이에 동조하는 사람들은 소수에 불과하고 나머지 대부분은 민간인이라는 사실을 이미 알고 있다. 물론 여전히 감정적 당위 때문에 이를 부정하고 싶어 하고 부정하는 사람이 상당히 있지만 말이다.

희생자들이 주로 어떤 사람들이었는지를 조금 더 '객관적으로' 살펴보기 위해 정부토벌대에 대한 작전통제권을 가지고 있던 미군의 보고서들을 보도록 하자. "제주도 연대장이 보고한 바에 따르면, 1948년 11월 20일부터 27일까지 일주일간 유격대 122명을 체포하고 576명을 사살했다. 10월 1일부터 11월 20일 사이에는 1,625명을 사살하고, 1,383명을 체포했다. 많은 물건들을 노획했으나 무기는 거의 없었다." "11월 13일 경비대 작전 결과 구좌면 행원리에서 유격대 115명 사살." "11월 24일 제주읍 노형리 부근의 전투에서 유격대 79명 사살." "제9연대 제2대대는 제주도에서의 마지막 군사작전에서 민간인과 경찰의 도움을 받아 12월 18일에 130명을 죽이고 50명을 체포했다. 그리고 소총 1정, 칼 40자루, 창 32자루를 노획했다." "1949년 2월 20일 도두리에서 76명의 반도들이 민보단의 죽창에 찔려 죽었다. 사망자들 중에는 5명의 여인과 중학생 정도 나이의 수많은 어린이들이 포함되어 있었다. 국립경찰과 한국군 헌병이 그 작전을 감독했다."

이 보고서들에서 공통적인 것은 유격대를 사살했다는 기록은 있지만 토벌대 쪽 희생자는 없다는 점과 무기 노획의 전과는 거의 없다는 점이다. 즉 희생자들은 거의 무장하지 않은 채, 따라서 교전과는 상관없는 상태에서 죽어갔다는 사실을 어렵지 않게 추론할 수 있다.[58]

약 3만 명이 넘는 사람이 희생되었다고 추정되는 제주 4·3사건에서 죽은 거의 모든 사람은 산으로 들어가 무장투쟁을 주도한 공산주의자와 그에 동조한 사람들이 아니라 민간인이다. 그런데 이렇게 억울하게 학살당한 민간인들은 빨갱일까, 아닐까? 하지만 이들은 분명히 빨갱이가 아니면서도 빨갱이다.

이들을 학살한 자들은 이들에게 '빨갱이'라는 이름을 붙였다. 그리고 이 이름이 붙자마자 이들은 민간인이 아니라 박멸되어야 대상으로 바뀌었다. 일반적으로 사람들은 "이들은 진짜 빨갱이가 아니다"라고 한다. 그럼 이들은 가짜 빨갱이인가? 앞에서 살펴보았듯이 빨갱이는 어떤 사상과 주의 주장을 가진 사람이 아니라 박멸되어야 대상에 붙인 이름일 뿐이다. 즉 공산주의자는 주의 주장을 가진 사람이지만, 빨갱이는 박멸의 대상에 붙여진 이름이다. 이들은 공산주의자는 아니지만 빨갱이였기 때문에 아무런 항변도 못하고 학살당한 셈이다. 사실 해방 후 무수하게 진행된 학살에서 그들이 공산주의자인지 민간인인지를 구별하는 일은 아무런 의미가 없다. 학살을 자행한 자들에게 이들은 모두 빨갱이였고, 그냥 죽여 없애 버려야 할 대상이었다. 이들의 학살 의지 앞에 공산주의자냐 아니냐는 그리 중요한 문제가 아니었다.

> 토벌대는 큼직한 장작으로 무지막지하게 때렸어. 그러다가 여자고 남자고 할 것 없이 모두 옷을 홀랑 벗겼지. 나는 당시 마흔한 살이었는데 체면이고 뭐고 가릴 여지가 있나. 그냥 옷을 벗으라 하니 벗을 수밖에. 토벌대는 옷을 벗긴 채 또 장작으로 매질을 했어. 토벌대는 그 일에도 싫증이 났던지 얼마 안돼서 처녀 한 명과 총각 한 명을 지목해 앞으로 불러내더니 모든 사람들이 보는 앞에서 그 짓을 하도록 강요했어. 인간들이 아니었지. 두 사람이 어쩔 줄 몰라 머뭇거리자 또 매질이야. 그러다 날이 저물어가자 주민 4명을 끌고 가다가 총을 쏘아버렸지.[59]

4·3사건 당시에 벌어진 정말로 믿기지 않는 학살의 기억이다. 어떻게 인간으로서 이렇게 할 수 있는지 도무지 믿기지 않는다. 그러나 이는 명백한 사실이다. 4·3사건 당시 토벌대는 할아버지와 손자가 서로의 뺨을 때리도록 강요하고, 눈앞에서 가족의 죽음을 보면서 만세를 부르게 했으며, 갓 돌이 지난 간난 아기를 총으로 죽이기도 했다. 형언할 수 없는 끔찍하고도 지독한 '학살의 광기'였다. 도대체 이런 학살의 광기를 어떻게 이해해야 할까? 아니 이해라도 할 수 있을까?

이런 학살의 광기를 이해할 수 있는 유일한 코드가 바로 '빨갱이'다. 학살자들에게 빨갱이는 이미 인간이 아니라 없애 버려야 할, 박멸해야 할 대상일 뿐이기 때문이다. 그래서 학살자들은 아무런 양심의 거리낌 없이 짐승과 같은 짓을 할 수 있었다. 마치 박멸해야 할 해충을 없애는 일과 같았으리라. 이는 독일 나치시대에 자행된 유대인 대학살에 비견할 수 있다. 아우슈비츠 수용소에서 자행된 끔찍한 대학살은 인간이 인간을 학살한 것이 아니었다. 유대인은 게르만족인 독일인에겐 마치 쥐새끼와 같은 존재로 지상에서 사라져야 할 존재였다. 당시 일어난 유대인 대량 학살은 '아리안인종주의'에 기초한 일이었다. 독일제국 쇠락이 열등 인종인 유대인의 피가 우수한 아리안인종과 섞임으로 비롯되었다는 이유였다. 독일의 쇠락을 막기 위해서는 우수한 아리안족의 피의 순수성을 유지해야 한다. 이에 저열한 유대인의 피가 아리안인종에게 섞이는 걸 막기 위해 유대인은 지상에서 사라져야 했다. 독일인의 학살의 광기는 아리안인종의 우수성을 지키기 위해 인간 이하인 저열한 인종을 박멸하는 일이기에 아무런 양심의 가책 없이 자행되었다. 그렇다면 빨갱이는 한국판 유대인에 다름 아니다.

　빨갱이라는 이름으로 죽어 간 사람들 대부분이 민간인이었고 양민들이었다는 사실을 우리는 이미 알고 있다. 이들이 빨갱이가 아니라면, 공산주의자들은 정말로 흡혈귀이고 악마일까? 물론 공산주의자들이 인민재판을 통해 학살한 행위 속에서 그러한 면을 볼 수도 있을지 모르겠다. 그러나 이들의 인민재판은 공산사회를 이룩해야 한다는 신념 아래 이뤄진 정치적 행위다. 물론 그 행위는 역사적 정당성을 갖지 못한 잘못된 행위임에 명백하다. 이에 해방 후 공산주의자들이 저지른 학살은 그에 합당한 단죄가 이루어져야 했다. 물론 책임을 져야 할 사람들이 죽고 없다 하더라도 역사적 단죄가 이루어져 역사의 교훈으로 삼아야 한다. 그렇지만 이들이 저지른 인민재판을 정치적 행위로 보지 않고, 단지 흡혈귀이자 악마라는 이미지를 만들기 위해 차용해서는 곤란하다. 비록 잘못된 정치적 행위를 했지만, 그들은 공산주의자로서 행동을 한 것이지 피에 굶주린 흡혈귀나 악마였기 때문에 한 짓은 아니기 때문이다. 그렇다면 우리가 일반적으로 생각하는 빨갱이는 없다. 즉 빨갱이의 객관적 실체는 존재하지 않는다.

빨갱이는 만들어지고 가공된 존재다. 빨갱이는 국가권력이 만들어 낸 가공된 존재일 뿐 실제로 존재가 있는 것은 아니다. 그렇다면 해방 후 남한의 국가권력은 왜 가공된 존재인 빨갱이를 만들었을까?

> 이러한 맥락에서 4·3사건을 진압하는 와중에 남한에 반공을 국시로 한 근대국가 대한민국이 탄생한 것은, 한국적 근대성의 '기념비적 역사monumental history'라 볼 수 있다. 대한민국의 공식적인 마스크인 자유민주주의는 사실상 반공주의 폭력이 쓰고 있는 신성한 가면이다. 자유민주주의의 신성성을 수호하기 위해서 불가피하게 희생시켜야 하는 국가의 적은 모두 '빨갱이'로 간주된다. 지난 50년 동안 4·3에 대한 언설이 억압된 것은 '빨갱이 사냥'의 신성한 폭력을 정당화하기 위한 것이었다.[60]

위 글은 자유민주주의라는 신성한 가면을 쓴 반공독재국가인 대한민국이 성립하면서 빨갱이라는 국가폭력의 희생양이 필요했다는 사실을 보여 준다. 빨갱이는 자유민주주의라는 신성한 가면을 쓴 반공독재국가를 수호하기 위한 국가폭력의 희생양인 셈이다. 빨갱이는 자유민주주의를 위협하는 세력이고, 이들을 박멸할 때만 자유민주주의를 수호할 수 있다. 이것이 바로 희생양의 정치다. 마치 유대인들이 우수한 게르만족의 민족적 영광을 위한 희생양으로 필요했듯이 빨갱이는 반공독재국가가 수호해야 할 자유민주주의를 위한 희생양에 불과하다. 희생양인 빨갱이는 공산주의자이건 아니건 상관이 없다. 단지 자유민주주의 체제를 수호하기 위해서라면 누구든 언제든지 사회로 소환되어야 한다. 이에 남한의 역사 속에서 빨갱이를 소환하는 각종 조작 사건이 끊임없이 만들어졌다. 빨갱이는 희생양의 정치를 수행한 자유민주주의의 반공독재국가를 위해 필요한 존재 그이상도 이하도 아니다.

공식기억으로서 빨갱이

대한민국을 성립하는 과정에서 빨갱이가 최초로 그리고 대량으로 만들어진 사건이 바로 제주도 4 · 3사건이다. 4 · 3사건을 살펴보면,

빨갱이가 우연의 산물이 아니라 국가권력이 조직적으로 만들어 낸 국가 폭력의 희생양임을 확인할 수 있다.

4·3사건은 제주도 남로당원들이 중심이 되어서 남한만의 단독 정부 수립에 반대하는 무장봉기를 일으킴으로써 발생했다. 물론 여기에는 당시 남한을 통치하고 있던 미군정에 대한 제주도민의 반감이 근원적인 배경으로 자리 잡고 있다. 사실 제주도는 해방 후 미군정의 영향력이 바로 미치지 못했다. 그래서 좌파가 중심이 된 '인민위원회'가 실질적으로 제주도를 통치하고 있었다. 그러나 이러한 상황은 1947년이 되면서 완전히 바뀌게 된다. 1947년 3·1절 기념행사에서 경찰의 발포로 어린아이를 비롯한 여러 명이 죽게 되자 이에 항의하는 차원에서 관민합동 파업투쟁이 전개된 것이다. 미군정은 이런 제주도민들의 저항을 분쇄하고자 서북청년단과 같은 극우단체원들을 제주도로 불러들였고, 제주도민에 대한 탄압을 강화했다. 이에 제주도민의 불만과 원성은 쌓여만 갔다. 이런 상황에서 남한단독정부 수립을 위한 5·10총선거가 결정되자 이에 반대하는 무장봉기가 일어난 것이다. 무장봉기는 도민을 탄압하던 경찰과 서북청년단 그리고 이를 비호하는 미군정에 대한 불만이 일시적으로 폭발해 일어났다. 그러나 무장봉기는 애초부터 제주도에서 미군정의 통치를 끝낼 수도 없었고, 단독정부 수립을 위한 총선거를 막기에도 역부족이었다. 그 결과 아무 소득 없이 무장봉기를 일으킨 사람들(이하 산사람[61])과 이를 토벌하는 토벌대 간의 인명피해만을 초래했을 뿐이다. 산사람을 이끌던 남로당원 김달삼과 당시 토벌대장 김익렬이 이런

인식을 공유하고 평화 협상을 시도했다. 그러나 평화 협상은 미군정과 이와 결탁한 극우 반공 세력의 반대로 결렬하고 만다.

미군정과 극우 반공 세력들은 이를 평화적으로 해결할 마음이 애초부터 없었다. 이들은 평화 협상을 결렬시키기 위해 제주 '오라리'에서 극우반공청년들을 동원해 방화사건을 일으키고 이를 산사람이 한 짓으로 몰아갔다. 그리고 다음 수순으로 평화 협상을 주도한 김익렬을 해임하고, 박진경을 후임으로 임명해 본격적인 토벌 작전을 전개한다. 그러나 토벌 작전이 본격화된 것은 대한민국 정부가 수립된 이후였다. 정부 수립 이후 이승만 정권은 제주도에 법적 근거도 없는 계엄령을 내리고, 국제사회에서 전쟁 범죄로 금지된 '초토화' 전술을 통한 진압 작전을 전개한다.

초토화 전술은 소위 말하는 "태워 없애고, 굶겨 없애고, 쏘아 없애"는 삼광작전, 삼진작전을 말한다. 이때부터 제주도는 본격적인 빨갱이 섬이 되었고, 당연히 빨갱이 사냥이라는 대규모 박멸 작전이 진행되었다. 작전은 우선 당시 제주도 중산간 마을에 살던 사람들을 해안가 마을로 일정한 기한을 주고, 그 기간 내에 이주할 것을 경고하면서 시작되었다. 물론 그 기한이 지나면 빨갱이로 규정하고 무조건 죽이겠다는 것이 초토화 전술이었다. 아마 이 초토화 전술은 인간이 아닌 악마의 화신 빨갱이를 박멸하려는 토벌대로서는 당연한 선택인지도 모르겠다. 이 초토화 전술 이후 선량한 수많은 주민이 죽음으로 내몰리고 끔찍한 학살의 광기가 제주도를 뒤덮었다.

당시는 몰랐지만. 지금 생각해보면 이승만이 우리를 이용했다고 여겨집니다. 당시 서청 문봉제 단장은 이 대통령의 신임을 받던 측근 중의 측근이었습니다. 앞뒤를 가리지 않고 공산당을 없애야 한다는 명분 하나를 앞세워 현지 사정도 잘 모르는 대원들을 대거 투입한 것입니다. 국민을 생각하지 않고 자신의 집권욕만 생각한 것이지요. 이 대통령의 허락 없이 어느 누가 재판도 없이 민간인들을 마구 죽일 수 있는 권한이 있겠습니까. 이 대통령이 "죽이지 말라"고 했으면 제주도에서와 같은 학살사태가 있을 수 있습니까. 내가 살고 있는 가시리에서는 며칠 전에 집집마다 제사를 지냈습니다. ……아무튼 학살의 총책임자는 이승만이라고 생각합니다.[62]

북에서 남으로 내려온 월남 출신으로 토벌대에 참여한 박형요 씨의 증언이다. 그는 제주도 학살의 책임이 '이승만'에게 있다는 점을 분명히 했다. 대한민국 초대 대통령인 이승만의 빨갱이 소탕 의지는 제주도 학살을 직접 지휘한 사람들에게 그대로 투영되었다.

제주도민들에 대한 무자비한 살육 지시는 그런 식의 암시에 그친 것이 아니었던 모양이다. 당시 미군정 경무부장 조병옥은 "대한민국을 위해서는 제주도 전토에 휘발유를 뿌리고 거기에 불을 놓아 30만 도민을 한꺼번에 태워 없애야 한다"고 했다 하며, 현지 군사 책임자인 박진경 연대장은 1948년 6월 17일 제주농업학교 운동장에서 "한라산 일대에 휘발유를 뿌리고 불을 지른 다음, 항공기로부터 소이탄을 퍼부으면 제주 빨갱이들을 몰살할 수 있다"는 더욱 구체적인 발언을 했다고 한다.[63]

빨갱이는 더 이상 사람이 아니었다. 단지 박멸해야 할 대상에 불과했다. 이런 끔찍한 빨갱이 박멸의 의지 때문에 3만 명이 넘는 사람이 희생되었고, 이런 반공독재국가에 의해 자유민주주의는 수호될 수 있었다. 제주 4·3사건은 큰 인명 피해를 입지 않고 평화 협상을 통해서 해결될 수도 있었으나 결국 빨갱이라는 국가 폭력의 희생양을 만들어 내려는 자유민주주의를 표방한 반공독재국가의 의지 때문에 엄청난 인명 피해를 불러온 사건이 되었다.

이런 빨갱이 대량 학살은 단발성으로 끝나지 않고 이후에도 지속되었는데, 특히 한국전쟁 기간엔 전쟁이라는 특수성으로 인해 빨갱이 사냥이 극에 달했다. 한국전쟁이 발발하면서 극단적인 빨갱이 박멸 의지를 드러낸 사건이 바로 '국민보도연맹사건'이다. 1949년 6월 5일 이승만 정권은 아무런 법적 근거도 없이 "개선의 여지가 있는 좌익세력에게 전향의 기회를 주겠다"는 명분을 내걸고 '국민보도연맹'이라는 단체를 만들어 '국민보도연맹결성총회'를 개최했다.[64] 그리고 좌익 전력이 있는 사람들을 강제로 국민보도연맹원으로 가입시켰다. 보도연맹원 가입 과정에서 할당량을 채우기 위해 온갖 무리수와 편법이 동원되었다. 가입을 강제하기 위해 협박과 테러를 일삼는가 하면, 심지어 우익 인물에게도 가입 권유가 이루어지고 문맹률이 높은 곳에서는 속여서 가입을 시키는 경우도 있었다. 이렇게 가입된 보도연맹원이 30만 명이 넘은 것으로 추정된다. 이들 보도연맹원에겐 특정한 날 점호가 이루어지고 지속적인 통제와 관리가 이루어졌다. 물론 몇몇은 자신들의 좌익 전력을 속죄(?)받기 위해 여전히 남아 있던 남로당 조직원들을 색출하는 데 앞장서서 상당한 성과를 거두는 공헌(?)도 했다.

이런 공헌은 아무 소용이 없었다. 전쟁이 발발하자 하루아침에 전향자에서 빨갱이로 전락했다. 전쟁이 발발하자 북한을 도울 수 있다는 명분이 씌어져 제거 대상이 된 것이다. 소위 말하는 '예방적 학살'이다.

1950년 7월 1일을 기점으로 평택 이남 전 지역에서 이승만 정권은 보도연맹원들을 조직적으로 학살했다. 보도연맹원들은 하루아침에 영문도 모른 채 어디론가 끌려갔다. 이들은 죽어 묻힐 무덤을 스스로 파고 그 자리에서 총살을 당했다. 이처럼 쥐도 새도 모르게 죽어 간 보도연맹원은 20만에서 25만 명으로 추정된다. 그런데 이들을 학살한 사람들은 진실을 은폐하기에 급급하다. 특히 보도연맹을 실질적으로 기획한 '오제도'라는 인물은 보도연맹원에 대한 학살은 중앙정부의 지시가 아니라 그때그때 군경들의 자기보호 감정으로 일어난 우연의 산물이라고 변명하기도 했다. 그러나 보도연맹원 20만 명이 넘게 죽임을 당한 것은 결코 우연의 산물이 아니다. 지역별로 흩어져 있던 보도연맹원이 전국적으로 여러 장소에서 일정한 시간 내에 대규모로 죽은 것은 중앙권력의 지시를 통해서 군과 경찰이 조직적으로 학살하지 않는 이상 일어날 수 없는 일이다. 이런 대규모 학살의 집단 광기는 학살 대상자들이 인간이 아닌 빨갱이였기에 가능했다. 빨갱이 사냥이라는 명분으로 자행된 대규모 학살은 사람들이 반공 이데올로기를 마음 깊숙이 내면화해 반공사회를 형성하는 결정적인 요소로 작동하게 된다.

> 군·경이 자행한 학살에 대한 분노와 원한이 전쟁의 종결과 더불어 사라졌을 리 없었다. 그러나 살아남은 사람들에게는 분노와 원한보다는 잔악한 학살에 대한 공포, 생존을 위한 선택이 더 절박한 것이었다. 한국전쟁 이후 1950년대 남한 사회에서는 이승만 체제에서 이익을 배분받을 수 있었던 우익들은 더욱 친이승만·친반공주의자가 되었으며, 한국전쟁 이전 반공이데올로기를 적극적으로 지지하지 않았던 사람이나 이에 저항했던 사람들도 남한 체제에서 생존하기 위해서는 반공이데올로기에 저항할 수 없었고, 이를 수용해야 했다.[65]

학살 당시 생존한 사람들의 분노와 원한의 감정은 생존에 대한 두려움과 공포 때문에 억압당할 수밖에 없다. 그리고 학살의 기억은 이러한 공포와 두려움으로 인해 사람을 망각의 심연으로 빠져들게 한다. 나아가 이들은 사회에서 생존하기 위해 자연스럽게 반공이념을 내면화할 수밖에 없었다. 이제 빨갱이로 몰리면 배제되고 소멸될 수밖에 없다. 이에 자신이 빨갱이가 아님을 증명해야 한다. 그래서 누구나 반공투사가 되도록 강요받게 되고, 나아가 반공독재국가에 자발적인 충성자로 자신을 각인시켜야 했다. 이처럼 반공사회는 강고하게 만들어졌다.

학살의 기억을 가진 생존자의 이런 노력과 더불어 국가는 대중들의 기억에 적극 개입해 새로운 기억을 만들고 대중들에게 주입함으로써 반공 이데올로기를 끊임없이 환기시키면서 반공사회를 유지해 나가는 작업을 지속적으로 진행한다. 사실 사회적 기억은 망각, 선택, 조작, 왜곡 등의 방식으로 새롭게 끊임없이 만들어진다. 국가는 이를 통해서 학살과 관련된 '공식기억'을 창출하는데, 그 기억은 왜곡되거나 선택적 방식으로 기억되거나 조작된 새로운 기억이다.

학생들에게 제주 4·3사건이 어떤 사건인지 물어보았다. 놀랍게도 서른일곱 명 학생 전원 "모른다"고 대답했다. 심지어 대통령이 제주도에 가서 도민들에게 공식 사죄를 한 사건임에도 불구하고 자라나는 세대들은 이 사건을 전혀 모르고 있다. 제주 4·3사건이 여전히 불편한 진실로서 사회적으로 망각이 이루어졌으면 하는 한국 사회의 무의식적 욕망이 투영된 결과라고밖에는 생각할 수 없다. 자라나는 세대가 4·3사건을 어떻게 이처럼 완벽하게 사회적으로 망각할 수 있는지 정말로 놀라울 따름이다.

학생들에게 '국민보도연맹'에 대해서도 물어보았다. 이에 대해서도 단 한 명의 학생만이 알고 있다고 답했고 나머지 서른여섯 명은 모른다고 대답했는데, 이는 어쩌면 당연한 일인지도 모르겠다. "6·25가 일어나기 전에 아무런 죄 없는 사람들에게 밥을 나눠 주고 보도연맹이라는 단체에 가입시키고, 6 · 25 전쟁 때 보도연맹에 가입한 사람들을 죽였다"는 기억을 단 한 명만 떠올린 것이다. 학살에 대한 이런 기억을 가진 학생이 있긴 하지만, 결과적으로 봤을 때 사회적으로 거의 망각된 기억이라고 해도 과언이 아니다. 그런데 국가가 저지른 대규모 학살에 대한 기억은 망각되기만 하지 않고 왜곡된 새로운 기억을 갖기도 한다.

학생들에게 해방 후 양민 학살이 북한의 인민군과 대한민국 국군 중 누구와 연관되어 있는지에 관해 물어보았다. 이 물음에 대해서 "모르겠다"고 대답한 학생이 열 명이었다. 일반적으로 학생들은 북한과 남한의 양민 학살에 대한 구체적 사실을 모르고 있다. 그러니 오히려 정말 솔직한 대답이라 할 수 있다. 그런데 구체적인 학살에 대한 기억은 없지만, 막연하게나마 양민 학살에 대한 이미지를 가지고 있는 학생이 상당수 있었다. 물론 예상대로 양민 학살이 "북한 인민군과 관련 있다"고 대답한 학생이 스물두 명이었고, "국군과 관련되어 있다"고 대답한 학생은 단 한 명이었다. 그 외 "인민군과 미군이 관여되어 있다"고 대답한 학생이 한 명, "군인이 자행한 학살과 관련되어 있는 이미지가 없다"고 대답한 학생이 한 명, 무슨 이유인지는 모르겠지만 "학살이 아니다"고 대답한 학생이 두 명 있었다.

학살에 대해 대답한 학생 중 "학살이 북한 인민군과 관련되어 있다"고 대답한 학생이 절대 다수임을 알 수 있다. 이런 대답을 한 학생들이 떠올린 이미지 중에서 몇몇을 살펴보면, "인민군이 쓸데없이 사람을 죽일 것 같다", "북한 인민군이 더 잔인하다는 이미지를 가지고 있다", "불법 남침을 묵살하기 위해 잔인한 학살을 했다", "북한이 남한 국민을 반동주의자라고 학살했다", "북한은 모든 것을 공평하고 평등하게 대하기 때문에 무력으로 양민을 죽였을 것이다" 등이었다. 학생들이 북한에 대한 부정적인 이미지와 학살을 막연히 연관시키고 있음을 알 수 있다. 학생들이 북한 인민군과 학살을 연관시키는 것은 사실 남한에서 자행된 학살에 대한 기억의 망각 위에서 학살에 대한 새로운 기억을 이미지의 형태로 형성한 것이라 할 수 있다. 결국 조작과 왜곡에 의해 진실과는 완전히 다른 기억을 가질 수 있는 셈이다.

망각과 선택, 조작과 왜곡 등의 방식으로 새롭게 형성된 '공식기억'은 국가에 의해서 체계적으로 만들어지고 확고부동하게 된다. 한국 사회에서 반공과 관련된 공식기억은 한국전쟁을 거치면서 학교 제도를 통해 학생들에게 새로운 기억으로 주입되면서 체계화되기 시작했다. 이승만 정권이 등장하기 이전에는 공식적인 반공교육이 존재하지 않았다. 그러나 이승만 정권이 등장하고 한국전쟁이 발발하면서 반공교육에 대한 교육지침이 만들어지고 체계적으로 반공교육을 실시했다. 당시 반공교육은 6 · 25남침과 관련된 북한의 죄악상과 국군과 유엔군(특히 미군)에 대한 애경심을 심어 주고 자유민주주의체제의 우월성을 선전하는 것을 목표로 했다. 이런 목표를 실현하기 위해 각 교과에 반공과 관련된 내용이 실리고, 학생들에게 내용을 주입했다.

시민들은 공산당들의 상상한 이상으로 악독한 짓에 몸서리를 쳤다. 그들이 우리 겨레가 아니고 한낱 소련의 꼭두각시에 지나지 않는 것이며, 사람이 아니고 총칼을 든 짐승이라는 것을 알았다. 그들은 모든 애국자들을 눈에 띠는 대로 학살하였고, 아버지를 잡아 죽였고, 오빠를 끌고 갔고, 피 끓는 청년들을 따발총으로 위협하여 의용군이라는 허울 좋은 이름으로 붙들어 갔다. ……시민들은 유엔 비행기가 날아오면, 비록 자기는 폭탄에 맞아 죽는 한이 있더라도, 공산군을 한 놈이라도 더 없애주는 것을 바랐으며 단 하루라도 비행기 소리를 못 들으면 불안하여 못 견딜 지경이었다. ……어머니는 쓰러진 어린애를 부둥켜안고 울고, 남편은 아내를 찾아 헤매는 모양은 그야말로 지옥 그대로이었다.[66]

1952년 문교부에서 발행한 《국어 6-1》에 실린 〈서울탈환〉 중 일부 내용이다. 반공교육을 통해 새로 형성된 기억을 보여 준다. 공산당, 즉 빨갱이는 같은 민족이 아니라 소련의 꼭두각시며, 총칼을 든 짐승으로 우리 가족과 가까운 이웃을 무참하게 학살했다. 그리고 그런 공산당으로 인해 비참한 상황에 빠진 사람들을 유엔과 국군이 구원한다는 이미지 형성을 핵심 내용으로 하고 있다. 이런 조작된 기억은 학살의 구체적인 역사적 사건과 관련되지 않는다. 오히려 학살과 관련된 구체적인 역사적 사건은 배제되거나 망각되어야 한다. 학살과 관련된 구체적인 사건을 드러내는 것은 남한에서 자행된 빨갱이 학살에 따른 파편화되거나 망각된 기억을 불러낼 위험이 있다. 이에 학살자로서 공산당 이미지는 일반화된 이미지 차원에서 형성된다. 물론 이런 일반화된 이미지 속에서 제주 4·3사건이 '공산폭동'으로 일방적으로 규정당하는 일은 뻔하다. 그러므로 사건의 실체적 진실을 구체적으로 파헤치는 일은 있을 수 없게 된다. 이는 학살과 관련된 사람들의 '파편화된 기억'[67]이 공식기억의 형성 속에서 억압당하거나 왜곡되는 메커니즘을 보여 준다.

이승만 반공독재정권은 4·19혁명을 통해서 붕괴했다. 시민과 학생들의 투쟁에 의해서 반공이념에 의지해 유지되던 이승만 정권이 붕괴한 후 반공과 관련된 공식기억에 일정한 균열이 생기기 시작했다. 이승만 정권 붕괴 후 사회 여러 계층에서 민주화 요구가 봇물처럼 터져 나왔다. 사회 민주화 분위기 속에서 억압과 망각의 심연에 놓여 있던 파편화된 기억을 가진 집단의 기억투쟁이 전개되기 시작한 셈이다.

이에 1960년 5월 23일 국회에서 거창·함양 등지에서 일어난 양민학살사건에 관한 조사단 구성이 결의되었다. 이 사건은 한국전쟁이 한창이던 1951년 2월 거창군 신원면 일대에서 제11사단 9연대 3대대가 공비와 내통했다는 빌미로 수백 명의 주민을 집단 학살한 사건이다. 이 사건은 거창 출신 국회의원 신중목이 부산에 피난 중이던 국회에서 폭로해 진상조사단을 꾸려 현지 조사를 진행했다. 그런데 당시 계엄사령부 대령 김종원은 군인과 경찰을 공비로 가장하게 해 진상조사단에 총격을 가했고, 이는 엄청난 사회적 충격과 파장을 일으켰다. 그러나 조사는 이승만 독재 정권의 비호 때문에 흐지

부지되었다. 4·19혁명으로 이승만 정권이 붕괴하자 이 사건을 재조사하기 위한 조사단 구성이 국회에서 결의된 것이다.

소식을 접한 제주도민들 사이에서도 4·3사건 진상조사에 대한 여론이 일어났다. 이에 제주 대학생 일곱 명으로 구성된 '4·3사건 진상규명동지회'가 구성되어 자체 진상조사에 나섰다. 그리고 1960년 6월 21일 재경 제주학우회가 중심이 되어 국회에서 4·3 진상규명을 위한 시위를 벌였고, 서울과 제주도의 대학생을 망라하는 '제주도민 학살사건 진상규명대책위'가 결성되기도 했다. 그러나 이런 기억투쟁은 제대로 활동하기도 전에 박정희가 주도한 5·16군사쿠데타에 의해서 하루아침에 물거품이 되었다.

쿠데타가 발발한 다음 날 진상규명동지회원들이 검거되었는데, 이는 실로 놀랄 만큼 신속한 대응이었다. "반공을 국시로 한다"는 혁명 공약을 내건 쿠데타 세력으로서는 기억투쟁에서 승리가 반공독재 체제를 재구축하는 데 관건이라는 사실을 너무나 잘 알고 있었기 때문이다. 동지회 회원의 구속 외에도 진상을 규명하려는 사람들에게 구속과 탄압이 계속되었고, 경찰은 유족들이 세운 위령비마저 파괴했다. 쿠데타 세력의 탄압은 기억에 대한 재억압을 의미하는데, 이는 학살과 관련된 기억을 망각의 수렁으로 몰고 가는 짓이다. 이제 사람들은 학살에 대한 기억을 이야기하는 것이 어떤 의미인지를 너무나 잘 알게 되었다. 또다시 재갈이 물린 그들의 기억은 더 이상 이야기할 수 없었다. 이를 기억의 공간으로 불러오는 일은 어쩌면 죽음을 각오해야 하는 일로 받아들여졌을 것이다.

반공을 국시로 한 박정희 정권은 이승만 정권과는 비교할 수 없을 정도로 강력한 반공독재체제를 구축했다. 사실 박정희는 남로당원으로 좌익 활동을 한 전력이 있었다. '여수순천사건'[68] 당시 체포된 그는 군대 내에 있던, 지난날 동지인 남로당원의 명단을 넘겨주는 대가로 자신의 목숨을 부지했다. 이런 좌익 전력 때문인지 쿠데타를 성공시키고 난 직후 북한마저도 박정희에게 호의적인 태도를 보였다. 이에 박정희는 자신은 공산주의 세력과 무관하다거나 누구보다도 철저한 반공투사임을 증명할 필요가 있었다. 이에 쿠데타를 성공시키자마자 용공분자라는 이름으로 진보적이고 혁신적인 인사에 대한 대대적인 검거선풍을 일으켜 수천 명을 감옥에 가두었다. 이 과정에서 《민족일보》 사장인 조용수가 사형당하기도 했다. 이는 박정희 반공독재체제가 빨갱이를 끊임없이 생산하고 탄압함으로써 반공의 수호신으로 자신을 드러내는 신호탄이었다. 그리고 이 신호탄은 1961년 7월 3일 '반공법'을 선포함으로써 본격적인 반공시대에 대한 천명으로 나타났다.

박정희 시대의 반공독재체제는 단지 개인의 좌익 전력으로만 설명할 수 없다. 사실 박정희의 군사쿠데타는 정당성을 확보할 수 없다. 민주주의 국가에서 권력은 시민으로부터 나오고, 대통령은 투표를 통해 시민으로부터 권력을 위임받아야 한다. 그러나 박정희 정권은 쿠데타라는 불법적인 방식으로 권력을 획득했기 때문에 근본적인 정당성을 확보할 수 없으며, 이에 끊임없는 정당성 시비에 휘말릴 수밖에 없다. 이를 극복하는 길은 정권에 반대하는 세력을 탄압하고,

새로운 국가 질서를 창출해 이를 유지하기 위한 권력임을 증명해야한다. 이것이 바로 "반공을 국시로 한다"는 혁명 공약을 통한 반공사회 재창출이었다. 반공사회 재창출을 통해 박정희 정권은 공산주의로부터 사회를 수호하고 유지하는 권력으로서 자기 정당성을 확보할수 있었다. 물론 이 과정에서 권력의 정점에 있던 박정희는 공산주의로부터 국민을 보호하는 태양과 같은 수호신이라는 지위를 획득했다. 즉 박정희가 반공사회 속에서 반공의식으로 철저히 무장한 국민의 아버지이자 사회 유지의 수호신으로 숭배 대상이 된 셈이다.

더 강력한 반공사회 재창출을 위해 박정희 정권은 빨갱이를 색출하고 이를 사회적으로 추방할 수 있는 강력한 국가기구가 필요했다. 쿠데타 세력의 영원한 이인자이던 김종필이 주도해 만든, 악명 높은 '중앙정보부'가 탄생한 배경이다. 물론 이 기구는 정권 유지의 필수요소인 정보 수집 기구였지만, 가장 중요한 역할은 빨갱이에 대한 정보를 수집하고 빨갱이를 지속적으로 색출해 사회로부터 추방하는 것이었다. 1964년 중앙정보부 요원은 거의 37만 명에 달한 것으로 추정된다. 이는 거의 전 사회에 중앙정보부가 뿌리내리고, 일상적이고 항구적인 주민 감시 시스템을 구축했다는 사실을 보여 준다. 이에 중앙정보부가 폭력 사용의 무한대 보장, 행정력 동원의 무한대 보장, 자금 사용의 무한대 보장이라는 무소불위의 권력을 가진 기구로 국가 위의 국가로 군림했다고 해도 과언이 아니다. 날아가는 새를 떨어뜨리는 정도가 아니라 죽은 새도 날게 만드는 절대 권력이 바로 중앙정보부였다.

박정희 정권은 중앙정보부를 통해서 용공분자를 색출하고 빨갱이를 창출하는 일만으로는 반공국가를 완성할 수 없었다. 이와 더불어 무엇에도 흔들리지 않는 강력한 반공의식을 창출하기 위해 보다 체계화된 기억투쟁이 필요했다. 이에 1961년 10월 문교부는 〈반공교육 강화를 위한 교사용 지침서〉를 배부함으로써 본격적인 반공교육에 적극 나선다. 이때부터 '도덕'과 '국민윤리' 등은 반공의식을 심어 주는 대표적인 교과로 자리매김한다. 이에 더해 1963년 단행한 제2차 교육과정 개정령에서 특별활동에 반공도덕활동을 추가해 매주 한 시간씩 반공교육을 정례화하고, 반공과목을 입시과목으로 만들어 고교입시에서 반영 비율을 점차 높여 나갔다. 반공은 상급학교로 진학하기 위해서 반드시 공부해야 하는 과목이 되었고, 무엇보다 자라나는 세대에게 반공의식을 심어주는 데 큰 공헌(?)을 했을 것이다.

　　박정희 시대의 반공의식 형성은 단순히 학교 수업으로만 국한되지 않았다. 박정희 정권은 반공의식을 심어 주고 반공의지를 극대화할 수 있는 다양한 사회적 실천들을 조직하기 시작했다. 우선 '반공궐기대회'를 주목할 수 있는데 이런 대회는 국민들을 끊임없이 반공적 주체로 불러오는 역할을 했다. 반공궐기대회는 빨갱이에 대한 증오심과 공산주의에 대한 절멸 의지가 넘쳐 나는 공간이었다. "때려 잡자 공산당 쳐부수자 김일성" 같은 구호를 외치면서 사람들은 빨갱이에 대한 적대감으로 똘똘 뭉쳤으며 반공투사로서 자신을 확인했다. 그런데 반공궐기대회에서 넘쳐 나는 증오심은 '반공축제'라 불리는 웃지 못할 촌극으로 승화되기도 했다. 공산주의와 빨갱이로부터 세상을 구원한 사람들을 기억하는 축제의 장은 공산주의에 대한 승리감에 도취된 사람들의 행복(?)한 마음을 담은 일일지도 모르겠다. 물론 이런 행복이 적대감을 바탕으로 하는 것임엔 두말할 나위가 없다. 반공축제에서 벌이는 공연은 "공산당과 인민군은 양민 학살을 일삼는 살인마이며, 유엔군과 국군은 이런 짐승과 같은 빨갱이로부터 양민을 구출하는 구세주 모습의 재현이었다." 물론 이는 흡혈귀 빨갱이에 대한 공식기억을 지속적으로 확인하는 일이었다. 빨갱이를 박멸한 세상은 그 자체로 즐거움이요, 축제였다. 한편으로 이 시대에는 모의간첩 훈련이 자주 열렸다. 훈련을 통해서 간첩, 즉 빨갱이가 항상 우리 주변에 침투해 우리 삶과 행복을 송두리째 빼앗아 갈 것이라는 두려움과 공포를 심어 주었다. 이에 항상 이들과 맞서 싸울 준비를 해야 하는데, 투철한 신고정신 함양은 바로 빨갱이를 박멸하고 추방할 수 있는 최상의 길임을 항상 상기하도록 했다.

이런 행사들과 더불어 반공웅변대회, 반공글짓기, 반공영화슬라이드 상영, 반공표어 공모, 반공포스터 그리기, 반공미술대회, 반공도서 읽기 등이 지속적으로 이뤄졌다. 이를 통해 사람들은 반공적 주체로서 살아야 함을 자각하게 되었다. 당시 반공웅변대회에서 당선된 원고를 보면 반공에 대한 일반 의지를 읽을 수 있다.

크레믈린의 늑대소굴에서 기른 새빨간 늑대들을 남파 …… 지금의 간첩은 바로 여러분의 가장 가까운 친구, 하물며 사랑하는 부인, 존경하는 남편일 수도 …… 찢어 죽여도 시원찮고 …… 때려죽여

도 시원찮은……**69**

당시 학생들은 소련이 기른 새빨간 늑대인 빨갱이를 남파해 남한 사회를 혼란과 불안을 야기하는 존재로 북한을 인식하고 있었다. 심지어 그 간첩(빨갱이)은 바로 우리의 가까운 사람들 중에 있을 수 있다는 것, 그래서 항상 주변 사람을 의심해야 한다는 것, 이에 항상 주변을 살피고 신고 정신에 투철한 존재로 자신을 정립했다. 그리고 항상 그 귀결점은 빨갱이에 대한 극단적인 증오심을 드러내는 것인데, "찢어 죽이고 때려 죽여도 시원찮은 존재"로 빨갱이를 인식하는 것이다. 이는 빨갱이를 절멸하겠다는 의지를 항상 내면화하고 살아가는 반공적 주체의 자기 고백이라 할 수 있다.

박정희 시대 반공의식 고취에서 가장 주목할 부분은 '이승복' 동상 건립을 통한 이승복에 대한 기억 환기다.**70** 이승복은 1968년 10월 30일 울진·삼척 지역에 침투한 무장공비에 의해 희생된 아홉 살 어린이다. 당시 《조선일보》는 이승복이 무장공비에게 "나는 공산당이 싫어요"라고 말했기 때문에 잔혹하게 죽임을 당했다고 보도함으로써 공산당의 잔혹함과 이승복의 투철한 반공의식을 세상에 알렸다. 이 보도로 이승복은 사람들에게 반공의식을 함양할 수 있는 기념비적인 존재가 되었다. 그런데 몇 년 전 이승복사건을 보도한 《조선일보》 기자가 당시 현장에 있지 않기 때문에 이승복이 그런 말을 했는지에 대한 진실성 시비가 붙기도 했다. 그러나 정말 아홉 살 어린이 이승복이 그런 말을 했다면, 당시 반공교육이 얼마나 철저했고,

사람들의 의식을 지배했는지를 보여 준다고 할 수 있다. 어쨌든 이승복의 죽음은 반공의식을 고양하는 데 너무나도 좋은 소재였다. 이에 전국의 거의 모든 국민학교(초등학교)에서 이승복 동상을 세움으로써 일상생활에서도 빨갱이의 잔혹함을 기억으로 불러와 매 순간 되새길 수 있는 장치로 활용했다. 이런 장치는 이승복 동상만이 아니었다. 이승복 고향 땅 근처에 '이승복 반공관', '이승복 기념관'을 세워 강원도를 관광하는 사람들은 필수 코스로 이를 찾아가 여행 중에도 공산당의 잔혹함을 되새기게 했다. 이와 더불어 이승복 추모제, 글짓기 대회, 달리기 대회, 영화제작 등을 통해 이승복은 일상적으로 기억의 공간으로 호출되고, 이를 통해 반공의식과 빨갱이에 대한 적대의식을 지속적으로 고취했다.

한편 박정희 시대엔 끊임없이 간첩과 빨갱이가 조작되고 만들어졌다. 간첩과 빨갱이가 조작되는 이유는 반정부세력을 탄압해 정권을 유지하기 위한 가장 강력한 수단이기 때문이다. 그리고 이는 사회질서의 수호자로서 박정희 정권의 정당성을 끊임없이 국민들에게 확인시키는 작업이기도 했다. 1967년 세계적인 음악가 윤이상과 화가 이응로 그리고 시인 천상병이 연루된 동백림사건, 서승·서준식 형제 간첩단사건, 통일혁명당사건, 인민혁명당사건, 민청학련사건 등 무수히 많은 간첩단사건이 고문 등을 통해 조작되었다. 심지어 1974년 인민혁명당사건에 연루된 사람들은 재판이 끝난 바로 다음 날 사형을 당했다. 이는 대표적인 사법 살인으로 이야기되고 있지만, 단순한 사법 살인이 아니라 반공사회를 수호하기 위한 박정희 정권의 신속한 결단이자 정권 유지를 위한 희생양을 끊임없이 만드는 독재정권의 속성을 만천하에 드러낸 사건이다.

　박정희 정권의 빨갱이 조작은 반정부 세력을 탄압하기 위한 간첩단사건뿐 아니라 일반 국민을 상대로도 벌어졌다. '막걸리 반공법', '막걸리 보안법'이라는 이름에서 알 수 있듯이 국민들은 일상에서 자신들이 나누는 단순한 이야기만으로도 용공세력으로 몰려 처벌당해야 했다. 강원도의 한 농부는 막걸리를 마시고 취기가 오르자 "우리나라가 통일되는 간단한 방법이 있다. 박근혜를 김정일에게 시집보내면 된다"고 했다가 다음 날 중앙정보부에 잡혀가 고초를 겪고 국가보안법 위반으로 기소되어 몇 년의 감옥살이를 해야 했다. 그리고 얼마 지나지 않아 가슴에 한이 되어 "취중에 농담도 못 하냐, 농담 한마디 한 것 가지고 몇 년씩 징역을 살리는 이놈의 세상이 김일성보다 못하면 못하지 나은 것이 뭐냐"고 말했다가 다시 중앙정보부에 끌려가 국가보안법 위반으로 또 몇 년의 징역을 살아야 했다.[71] 정말로 상식이 뭔지 모를 시대였다. 이런 사회적 분위기 속에서 사람들은 자신이 빨갱이가 아님을 항상 고백하고 증명해야 했으며 그렇지 않으면 언제라도 빨갱이로 몰릴 수 있었다.

　박정희 정권의 반공독재체제는 국민들의 생각과 감정을 완전히 마비시켰다. 반공적 주체만이 존재했다. 다른 사고와 생각은 용인되지 않았다. 이런 사회에서는 생각과 감정의 유연함과 자유스러움이 존재할 수 없다. 정권에 반하거나 사회에 비판적인 시각은 용공이나 빨갱이라는 이름으로 처벌당할 수밖에 없다.

예컨대, 65년 3월 발생한 이른바 '송아지사건'도 바로 그런 경우였다. 이는 64년 11월 대전방송국에서 방송된 〈송아지〉라는 방송극의 대본이 빈부격차 문제를 다뤘다고 해서 대전방송국 편집부장 김정욱이 반공법 위반으로 체포된 사건이었다. 검찰은 이 방송극이 "유산 계급에 대한 증오심을 북돋워서 모순된 사회구조의 타파를 위한 무산계급의 봉기를 선동한 내용으로서, 공산주의의 기본적인 이론을 자연스럽게 전개선전하고 그것을 실천하도록 자극시켜 북괴 및 공산계열의 상투적인 선전에 동조하고 북괴의 활동을 찬양고무한 것"이라고 기소했다.[72]

비판적 사유를 완전히 옥죄는 반공사회엔 두 생각만 존재할 수 있다. 또 세상은 온통 백색 아니면 흑색으로만 이루어져 있다. 백색이 공산주의에 반대하고, 빨갱이를 박멸하는 데 앞장서는 것이라면, 흑색은 공산주의를 용인하는 것으로 사회로부터 추방되어야 할 존재다. 위 글에서처럼, 어느 사회에서도 있을 수 있는 빈부격차를 다루었다는 사실만으로 흑색으로 낙인찍혀 고초를 겪어야 했다. 이런 상황에서 사람들은 무엇을 생각할 수 있을까? 사람들의 감정과 생각은 완전히 마비되고, 단지 백색으로만 보이기에 급급하지 않았을까?

반공사회에서 살아가는 사람들은 반공적 주체로 자신을 인식하고 그에 맞는 행동을 하는 기계 같은 존재가 된다. 사람들은 일상에서 스스로 감시 주체로 행동하는가 하면, 낯설고 이상한 것을 무조건 간첩이나 빨갱이로 보는 심성을 갖게 된다. 같은 회사에 다니는 간부가 "자신의 풍채가 김일성보다는 못해도 박정희보다는 낫다"는 취중 농담을 했다가 동료에게 밀고를 당하는 시대, 가수 김추자의 '늦기 전에'라는 노래와 춤이 충격적이라는 이유로 간첩으로 추정하는 시대, 이는 낯설고 이질적인 모든 것을 간첩이나 빨갱이로 생각하는 시대였음을 보여 준다. 반공사회는 한마디로 마비된 감성의 시대다.

이상에서 살펴보았듯이, 박정희 정권은 완벽에 가까운 반공사회를 구축했다. 이런 사회에서 학살에 관한 파편화된 기억을 가진 사람들은 자신의 기억을 망각의 저편으로 더욱 깊숙이 억압할 수밖에 없다. 그러나 이러한 상황에서도 목숨을 건 기억투쟁은 존재한다. 1978년 출간한 현기영의 소설 《순이삼촌》은 억압된 기억을 공적인 사회의 영역으로 불러오기 위한 죽음을 각오한 행동이다. 이 소설은 제주 4·3사건 당시 빨갱이라는 이름으로 죽어 간 사람들의 피의 증언이자 기록이다. 그러나 공적인 영역에서 이런 기억은 허용될 수 없었다. 박정희 정권이 주입한 공식기억과는 완전히 배치되기 때문이다. 이런 기억은 공적 영역에서 추방되고 사라져야 한다. 당연히 현기영은 이 소설을 출간한 후 군과 경찰에 끌려가서 고초를 당했고, 책은 판금 조치를 당했다. 4·3사건에 관한 파편화된 기억이 공적 영역으로 나와 자기 목소리를 내기 위해서는 좀 더 많은 시간이 필요했다.

1987년 6월 민주화투쟁

반공독재체제의 철옹성을 구축해 영원할 것 같던 박정희 정권도 결국 민주주주의를 바라는 시민과 학생들의 끊임없는 저항에 붕괴했다. 박정희가 가장 믿던 심복 김재규에게 저격을 당한 것이다. 당시 김재규는 반공독재체제를 구축하기 위해 만든 중앙정보부 부장이었다. 반공의 수호신 박정희가 자신의 반공권력을 유지하기 위해 만든 핵심적인 국가기구를 이끄는 수장인 김재규에 의해서 죽었다는 것은 그 얼마나 얄궂은 역사의 장난인가. 박정희의 죽음은 혹독한 겨울과 같은 독재체제에서 벗어나 민주주의를 쟁취할 수 있다는 따뜻한 봄의 희망을 사람들에게 심어 주었다. 그러나 민주화의 봄은 전두환을 우두머리로 하는 '하나회'라는 신군부의 쿠데타에 의해서 또 다시 좌절되었다. 하나회는 박정희가 자신의 권력을 유지하기 위한 최후의 보루로 군부 내에서 조직한 사조직이었다.

박정희가 죽고 전국에 비상계엄령이 내려진 상황에서 전두환이 주도한 하나회는 1979년 12월 12일 쿠데타를 단행했다. 이 쿠데타는 당시 계엄사령관이던 정승화를 체포한 하극상에서 시작해 군부 내에서 전두환의 하나회가 실권을 장악하는 과정을 거쳤다. 군부 내에서 실권을 장악한 전두환은 정권을 창출하기 위해 이듬해 5월 17일 비상계엄을 전국으로 확대하고, 야당 정치인을 비롯한 재야 민주화 인사들을 구속했다. 물론 이를 학생과 시민들이 그냥 보고만 있지 않았다. 어떻게 찾아온 민주화의 봄인데 강도 같은 전두환 세력에게 그대로 넘겨줄 수 있단 말인가.

학생과 시민의 저항은 5월 18일 광주에서 민주화 운동으로 불타올랐다. 그러나 이에 대한 전두환 일당의 대응은 공수부대를 동원한 피의 탄압이었다. 아직까지도 그 규모를 정확히 알 수 없는 수많은 사람이 전두환 일당에 맞서 민주주의를 수호하기 위해 광주에서 죽어야 했다. 꽃잎처럼 뿌려진 수많은 죽음의 원혼을 뒤로하고 전두환은 드디어 자신이 염원하던 대통령의 자리에 올랐다.

수많은 사람을 학살하고 등장한 전두환 정권은 박정희 정권보다 강력한 반공독재체제를 구축하는 데 실패했다. 신군부 세력이 광주에서 자행한 학살이 전두환 정권을 강화시키기는 데 오히려 아킬레스건으로 작용했기 때문이다. 학살 정권인 전두환 반공독재체제는 처음부터 정통성을 갖지 못하고 많은 사람의 심리적 저항 상태에서 출발한 셈이다. 이러한 상황에서 대학가를 중심으로 학생들이 민주화를 위해 목숨을 건 투쟁을 활발히 전개했다. 더불어 그동안 억압되고 파편화된 기억들이 대학가를 중심으로 다시 되살아나기 시작했다.

그중 단연 으뜸은 제주 4·3사건과 광주학살에 대한 기억이었다. 대학에 갓 입학한 학생들은 당시 대학가의 중요 소통 수단인 '대자보'를 통해서 제주 4·3사건과 광주학살의 진실을 거의 처음 접했고, 이로부터 엄청난 정신적 충격을 받았다. 나도 이를 처음 접했을 때 받은 엄청난 충격을 아직도 기억하고 있다. 당시 대학가는 망각되고, 왜곡된 기억을 다시 불러오기 위한 기억투쟁이 활발히 전개되던 거의 유일한 공간이었다고 해도 과언이 아니다. 이런 기억투쟁은 반공사회에 일정한 균열을 가져왔다. 이를 통해 많은 대학생이 반공의식을 탈피하고 사회에 새롭게 눈을 뜨게 되었다. 학생들은 자연스럽게 민주화투쟁에 적극 뛰어들었다. 이는 군사독재정권을 무너뜨리는 데 큰 힘으로 작용했다.

전두환의 신군부가 정권을 장악한 지 7년이 지난 1987년 6월 전국에서 민주화를 요구하는 목소리가 요원의 불길로 타올랐다. 6월 민주화대투쟁은 군사독재정권의 몰락을 가속화했고, 한국 사회는 서서히 민주화의 길로 나아가기 시작했다. 특히 6월 민주화투쟁을 뒤이어 거제에서 7~9월 노동자대투쟁이 터져 나왔는데, 이를 계기로 사회 각 분야에서 민주화를 진전시키기 위한 투쟁이 활발히 전개되었다. 이런 시대적 분위기와 맞물려 대학이라는 특정 공간에서 진행되던 기억투쟁이 사회 전체로 전면화되었다. 이런 기억투쟁 중에서 제주 4·3사건을 둘러싼 기억투쟁이 최전선에 위치했다.

제주 4·3사건의 진실을 기억의 공간으로 불러오기 위한 투쟁은 여러 분야에서 다양한 방식으로 진행되었다. 먼저 4·3사건을 연구하는 학술단체가 구성되고, 학문적 연구가 본격화되어 4·3사건의 실체적 진실에 다가가기 위한 노력이 벌어졌다. 학술적 연구와 더불어 소설이나 희곡, 시 등의 문학에서 4·3을 다룬 작품이 다수 나왔고, 연극의 형태로 상영되기도 했다. 그리고 4·3사건은 영화로 제작되어 대중적인 기억투쟁의 장을 열기 시작했다. 그중 부산 하늬영상이 1997년 제작한 '레드 헌트'라는 다큐멘터리가 대표적이다. 그러나 '빨갱이 사냥'이라는 의미를 지닌 '레드 헌트'는 곧바로 국가보안법상 이적표현물로 규정되었고, 인권영화제에서 영화를 상영했다는 이유로 인권운동사랑방 대표 서준식이 구속되기도 했다. 서준식은 형 서승과 함께 간첩으로 몰려 박정희 정권에 의해서 구속되어 오랜 감방 생활을 한 인물이다. 이승만 시대에 빨갱이로 몰린 사람들과 박정희 시대에 빨갱이로 몰린 사람의 만남이라 해야 할까? 어쨌든 이 영화는 제주 4·3사건이 바로 빨갱이 사냥이었음을 만천하에 폭로했다. 그러나 이는 여전히 반공사회의 유산을 간직하고 있는 사회에 의해서 곧바로 재갈이 물렸다. 이 영화가 빨갱이 사냥의 실체를 기억의 공간으로 불러오려는 순간 반공의 최후 보루인 국가보안법을 통해서 여지없이 억압한 것이다. 그러나 이러한 억압에도 진실을 향한 기억투쟁은 멈추지 않고 지속되었다.

  4·3사건의 기억투쟁에서 가장 주목해야 할 것은 1990년 제주도에서 창간된 《제민일보》4·3 특별취재반의 취재 성과물을 발표한 "4·3은 말한다"라는 연재물이다. 《제민일보》는 1989년 참언론운동을 벌이던 《제주신문》출신 기자들이 1990년 1월 집단해고를 당한 뒤 중심이 되어 창간한 신문이다. 《제민일보》는 《제주신문》에서 진행하던 제주 4·3사건에 관한 특별취재를 이어받아서 특별취재반을 재가동했다. 이 연재물은 4·3사건 생존자들의 증언을 기록한 것이다. 이 증언들은 공식기억의 허구성을 폭로하고 새로운 진실을 만들어 내는 데 기억의 자료로 기능했다. 이로써 국가권력에 의해서 억압당한 파편화된 기억들이 공적 공간으로 소환되었다. 이런 와중에

1993년 제주도 조천읍 북촌리 주민들이 자체적으로 희생자를 조사해 결과를 발표하기도 했다. 이는 그동안 재갈이 물려 침묵을 강요당하던 주민들 자신의 이야기를 했다는 점에서 망각의 심연에서 벗어나서 기억의 주체로 나서기 시작했다는 의미를 지닌다. 억압되던 파편화된 기억이 이제 사회라는 공적 공간으로 스스로 들어가기 시작한 것이다.

4·3사건에 대한 기억투쟁은 국가 차원에서 진상 조사를 하고 진실을 밝혀야 귀결될 수 있다. 앞에서 언급했듯이 4·3사건의 희생자들은 자유민주주의의 가면을 쓴 반공국가가 태동하면서 발생한 국가 폭력의 희생자기 때문이다. 이들이 국가 폭력의 희생자로 복권되기 위해서는 국가 차원에서 진상 조사해 진실을 밝혀야 한다. 4·3사건에 대한 기억투쟁은 국가 차원의 진상 조사 요구로 집약되어서 나타났다. 1988년 제주대학교 학생들을 중심으로 진상 조사 요구가 터져 나온 이래로 지속적인 진상 조사 요구가 분출되었다. 이런 진상 조사 요구는 1993년 제주도 의회에서 '4·3 특별위원회'가 구성됨으로써 최초로 국가기구 속으로 들어갔다. 이제 국가로서도 4·3사건을 외면할 수 없는 상황이 되었다. 김영삼 정부가 들어서면서 국회 내에서도 4·3 특별위원회 구성을 위한 법안이 여야 국회의원 75명의 명의로 발의되기도 했다. 물론 당시 국회에서 이 법안은 통과되지 않았지만, 이제 4·3사건을 국가 차원에서 진상 조사하는 일은 시간의 문제이지 되돌릴 수 없는 일이 되었다.

김영삼 정권 말기인 1997년에는 '제주 4·3 제50주년 기념사업 추진 범국민위원회'가 조직되면서 전국적 차원에서 진상 조사 운동이 벌어지기 시작했다. 이 단체는 이듬해 제주 4·3사건 희생자의 명예 회복을 위한 100만인 서명 운동을 전개하기도 했다. 이런 성과로 각 지역 시민단체와 학생 조직의 지원을 얻을 수 있었다. 이를 바탕으로 1999년에는 조직을 '제주 4·3 진상규명과 명예회복 추진 범국민위원회'로 탈바꿈하고 4·3특별법을 제정하기 위한 대정치권 활동도 본격화했다. 이러한 전국 차원의 운동과 더불어 제주 현지에서도 시민사회단체와 유족회 합동으로 '4·3특별법 쟁취를 위한 연대회의'가 결성되어 중앙 정치권을 상대로 한 입법 투쟁이 본격화됐다. 그 결과 1999년 말 김대중 정권하에서 '4·3 특별법'이 제정되었다. 이는 실로 지난한 기억투쟁의 성과였고, 국가 차원에서 진상이 밝혀져 희생자들의 명예가 회복됨과 동시에 공식기억의 해체를 가져올 수 있는 기회를 획득하게 된 셈이다.

4·3 특별법에 근거해 국무총리 직속 국가기구로 설립된 '제주 4·3사건 진상규명 및 희생자 명예회복 위원회(이하 명예회복 위원회)'는 2003년 12월 '제주 4·3사건 진상조사보고서' 확정본을 출간했다. 이로써 '공산폭동'이라는 공식기억과는 다른 기억이 새롭게 구성되어 국가기구가 공인하기에 이르렀다.

1947년 3월 1일 경찰의 발포사건을 기점으로 하여 경찰서청의 탄압에 대한 저항과 단선단정 반대를 기치로 1948년 4월 3일 남로당 제주도당 무장대가 무장봉기한 이래 1954년 9월 21일 한라산 금족지역이 전면 개방될 때까지 제주도에서 발생한 무장대와 토벌대 간의 무력충돌과 토벌대의 진압과정에서 수많은 주민들이 희생당한 사건.[73]

　명예회복 위원회에서 발표한 진상보고서에 나온 4 · 3사건의 결론이다. 이에 따르면 4 · 3사건은 "자유민주주의 질서를 혼란케 하기 위한 공산폭동"이라는 공식기억과는 다르다. 우선 이 사건의 배경으로 제주도민에 대한 경찰과 서북청년단과 같은 극우반공단체의 탄압을 들고 있다. 이는 이 사건의 출발이 되는 4월 3일에 발생한 무장봉기가 상당한 정도의 이유를 가짐을 인정한 셈이다. 또한 무장봉기도 단순히 자유민주주의의 질서를 혼란케 하기 위한 목적이 아니라 단선 · 단정 반대라는 정치적 명분을 가졌음을 명기하고 있다. 이로써 이들을 단순한 사회 혼란 세력이 아니라 당시 시대적 상황을 나름대로 타개하려 한 정치세력으로 인정한 것이다. 그리고 토벌대가 무고한 수많은 주민을 희생시켰음을 명확히 하고 있다. 이에 당시 죽어간 사람들은 정부와 토벌대가 규정한 빨갱이가 아니라 선량한 주민들이었고, 이들을 빨갱이로 규정한 국가권력에 의해서 희생당했음을 명기함으로써 명예가 어느 정도 회복되었다고 할 수 있다.

끝나지 않은 반공사회

명예회복 위원회에서 발표한 진상보고서 채택으로 기억투쟁은 완전히 끝났을까? 제주 4·3사건에 관한 공식기억은 완전히 해체되고, 억압되던 개인들의 파편화된 기억이 공식기억의 지위를 차지했을까? 결론적으로 말하면 명예회복 위원회 활동의 성과에도 불구하고, 일정한 한계 내에서 이루어진 결과에 만족해야 했다. 우선 진상보고서 내용이 원안대로 가결되지 못하고 수정되었다. 진상보고서를 채택하기 위한 명예회복 위원회는 토론 과정에서 극우 반공세력의 반발을 의식해 중요 대목을 수정했다. 물론 이런 수정에는 극우 반공세력들의 격렬한 저항이 작용했다. 이들은 1999년 '4·3 특별법'이 통과되기 이전 이미 진상 조사 요구에 반대하고, '공산폭동'이라는 공식기억을 수호하기 위한 투쟁을 끊임없이 전개했다. 가령 1997년 우익인사들의 모임인 '자유수호협의회'에서는 '제주 4·3사건 자료집'을 펴내 공산폭동이라는 공식기억을 확인하는 작업을 했다. 이와 같은 극우 반공세력들의 저항 때문에 원안이 아니라 타협안으로 어정쩡한 보고서가 채택된 것이다.

핵심적인 쟁점은 4·3사건의 책임자를 명확히 규정하는 것이다. 책임자가 명확하게 규정되어야 그에 대한 역사적 단죄와 처벌이 제대로 이루어질 수 있을 것이다. 그러나 이 민감한 부분은 두루뭉술하게 처리되었다. 가령 애초에 "초토화 작전의 책임은 이승만 대통령과 미국에 있다고 판단된다"라고 기술했다가 "초토화의 책임은 당시 정부와 주한 미군 고문단에게 있다고 판단된다"로 수정되었다. 이는 이승만 대통령의 책임성을 명확히 규정하려고 했으나 그 표현을 정부로 후퇴시킴으로써 구체적으로 누구의 책임인지 적시하지 못했음을 의미한다. 그리고 "이승만 대통령은 계엄령 해제 사실을 밝히지 않음으로써 토벌대의 총살극을 조장했다"는 기술은 "계엄령 해제 사실은 일반에게 잘 알려지지 않았다"로 수정되었다. 이 또한 이승만을 책임에서 면죄해 줄 수 있는 여지를 남기기 위함이다. 이러한 수정 조치는 아직까지 한국 사회에서 극우 반공세력이 강력한 힘을 가지고 있음을 의미한다.

극우 반공세력과의 일정한 타협하에 이루어진 4·3사건 처리는 책임자 처벌과 희생자의 배상으로까지 나가지 못했다. 단지 진상규명과 명예회복과 위령 사업 추진 정도에서 마무리되었다. 물론 이런 정도의 성과도 정말로 많은 사람의 눈물겨운 투쟁으로 어렵사리 달성한 것이다. 그렇지만 책임자 처벌을 통해 역사적 단죄를 이루지 못한 것은 후세에 역사적 교훈을 제대로 남기지 못하는 결과를 초래한다. 또한 희생자 배상이 이뤄지지 못한 것은 이들의 마음을 제대로 어루만지지 못하였음을 의미한다. 희생자이지만 희생자로 완전히 받아들이지 않은 것이다. 누구에게는 희생자이지만 또 다른 이들에게는 여전히 빨갱이인 셈이다.

이런 한계는 결국 4·3사건을 희생자 입장에서 재구성하고 그 기억을 공식기억으로 만드는 사회적 노력을 거의 전무하게 만들었다. 현재 4·3사건에 대한 사회적 기억을 환기시키는 것은 제주도에서 거행되는 위령제 정도다. 그나마 이런 위령제도 거의 주목의 대상이 되지 못하고 사회 전반적인 파장도 미미하다. 이미 4·3사건은 사회적 기억 속에서 잊힌 불편한 진실이 되었다고 해도 과언이 아니다. 사실 4·3사건과 같은 국가폭력의 희생자를 양산한 사건은 살아 있는 역사 교육의 대상으로 삼아 지속적으로 시민들의 기억 속에 되살려 낼 필요가 있다. 이를 위해서는 단지 제주도만이 아니라 전국적인 차원에서 위령제를 실시하고, 서울과 같은 대도시에서도 추모관 내지 기념관을 만들어 자라나는 세대에게 살아 있는 역사의 교육장으로 활용할 필요가 있다. 그렇지 않으면 국가 폭력과 관련된 사건은 망각의 세계로 빠져들기 쉽다. 왜냐하면 국가폭력과 같은 사건은 기득권 세력에게 불편한 진실일 가능성이 크고, 이들은 이를 기억의 세계에서 추방시키길 바라기 때문이다. 앞에서 4·3사건에 대해 서른 일곱 명의 학생 중 단 한 명도 알지 못한다는 사실을 확인했다. 이는 국가 폭력의 희생에 관한 역사적 진실을 젊은 세대에게 전달하고 기억하게 하는 노력을 하지 않을 때 그것이 무엇을 의미하는지를 너무나 잘 보여 주는 것이라 할 수 있다.

4·3사건의 진실을 둘러싼 극우 반공세력과의 타협은 이후 노무현 정권 때인 2005년 5월 3일 통과된 '진실과 화해를 위한 과거사 정리기본법'에서도 그대로 재현되었다. 사실 이 법은 해방 후 국가권력에 의해서 희생된 민간인의 명예를 회복하고 더 이상 과거처럼 국가권력에 의한 희생자가 발생하지 않는 사회를 만들기 위함이었다.

물론 이는 반공과 관련된 공식기억 해체를 전제로 한다. 그러나 이 법안을 한나라당이 강력하게 저항해 여러 독소 조항이 들어감으로써 과거사 진상이 제대로 될 수 없는 상황을 만들었다. 그 독소 조항으로 "대한민국 정통성을 부정하는 세력에 의한 테러 조사, 기결 사건의 재심 불허, 피조사자의 제재 불허" 등을 들 수 있다.

대한민국 정통성을 부정하는 세력에 의한 테러 조사라는 항목을 4·3사건에 비춰 보면, 산사람의 무장봉기를 대한민국 정통성을 부정하는 행위로 볼 수 있고, 이는 조사를 진행하는 조사위원의 성격에 따라서 얼마든지 이 사건이 국가폭력의 희생이 아니라 공식기억의 입장으로 정리될 여지를 남기는 것이다. 이처럼 한국 사회에선 여전히 반공 이념을 신봉하는 세력들이 강력한 힘을 가지고 있어서 공식기억을 완전히 해체하기가 어렵다. 이는 국가폭력을 둘러싼 사회적 기억이 여러 층위의 집단기억으로 분열되어 있으며, 이들 사이에 기억투쟁이 지속적으로 벌어질 수 있음을 의미한다.

이상에서 살펴보았듯, 한국 사회에서 4·3사건 희생자를 국가폭력의 희생자로 기억하는 일은 아직 역부족이다. 한국 사회가 여전히 반공사회에서 완전히 벗어나지 못했음을 의미한다. 한국 사회를 배회하는 반공의 유령은 아직도 버젓이 살아 있는 국가보안법을 보면 알 수 있다. '공산주의자'를 처벌하는 국가보안법은 반공사회 최후의 보루다. 국가보안법 3조에 있는 '반국가단체를 구성한 사람에 대한 처벌'은 북한 동조자 내지 공산주의자라는 사실, 즉 누가 어떤 사상을 가지고 있다는 사실만으로 처벌이 가능한 조항이다. 그리고 7조의 '찬양, 고무죄'는 누가 어떤 표현을 했다는 이유만으로도 처벌이 가능한 조항이다. 이는 민주공화정이라면 누구나 당연히 누려야 할 사상과 표현의 자유를 근본적으로 부정하는 것이다.

참여정부 시절 국가보안법 폐지를 통해 반공의 망령을 한국 사회에서 영원히 추방하려는 시도가 있었다. 국가보안법 폐지는 더 이상 누가 어떤 생각을 가지고 무엇을 표현했다고 해서 처벌할 수 있는 법이 사라짐을 의미한다. 이는 한국 사회가 어떤 생각을 가지고 있느냐에 관계없이 서로 포용하고 공존하는 민주공화정 사회로 완전히 탈바꿈하는 일이다. 그러나 이는 당시 한나라당을 비롯한 반공의 망령을 부여잡고 있던 세력들의 강력한 저항 탓에 실패했다. 반공세력이 자신의 마지막 보루를 지켜냄으로써 한국 사회가 여전히 자유민주주의의 반공 사회임을 증명한 셈이다. 그리고 자유민주주의를 신봉하는 이명박 정부가 들어서면서 국가보안법 망령은 되살아났다. 이는 국가보안법이 사문화된 것이 아니라 언제든지 살아날 수 있음을 의미한다. 또 우리 사회에서 여전히 특정 생각을 표현하고 이야기하는 일이 금기시되고 있음을 보여 준다. 그리고 의견이 다른 상대방과 토론을 통해 사회적 타협을 이루기보다 "너 빨갱이지?" 또는 "너 좌파지?"라는 말을 통해 상대방에게 재갈을 물리는 세력이 사회 일각에 아직도 강력하게 자리 잡고 있음을 의미한다.

학생들에게 어떤 세력을 좌파라 생각하고 좌파를 어떻게 생각하는지 물어보았다. '공산주의자'라고 한 학생이 한 명, '북한을 옹호하는 집단'이라고 대답한 학생이 두 명(이 가운데 한 명은 민주당을 지목

함), '좋지 않게 생각한다'는 학생이 한 명, '개념 없음'이라고 대답한
학생이 한 명, '무조건 반대세력'이라고 대답한 학생이 한 명 그리고
아이러니하게도 '보수주의자'라 답변한 학생이 한 명이었다. 그리고
나머지 스물아홉 명은 '모르겠다'고 답했다. 답을 한 학생 거의 모두
좌파를 부정적으로 생각하고 있음을 알 수 있다. 그렇다면 상대방을
좌파라 공격하는 것이 주로 반공이념에서 탈피하지 못한 보수적인
기성세대가 상대방을 겨냥해서 공격하는 일임을 알 수 있다. 이를 한
국판 매카시즘[74]이라 불러도 무방할 것이다. 좌파라는 이름표가 붙는
순간 입은 봉해지고 어떤 말도 전달할 수 없다. 입이 있어도 말할 수
없는 존재, 아니 사회로부터 추방될 일말고는 달리 할 것이 없는 존
재가 바로 좌파이자 빨갱이인 셈이다. 정말로 그 언제쯤 이런 매카시
즘으로부터 한국 사회는 벗어날 수 있을까? 언제쯤 생각이 다른 상
대방을 진정으로 인정하고 합리적인 토론을 통해 정치적, 사회적 문
제를 해결해 나갈 수 있는 사회가 될까? 이를 위해서 과연 우리는 무
엇을 해야 할까?

반공사회와
뉴라이트의 만남

이상에서 살펴보았듯이, 역사는 '사회적 기억' 형태로 존재한다. 그

런데 사회적 기억을 만들고 사람들이 기억을 형성하는 데 가장 중요한 역할을 하는 존재가 바로 국가다. 특히 국가가 만들어 사람들에게 주입하는 기억은 그 사회의 '공식기억'이 된다. 국가는 학교를 비롯한 여러 국가기구를 통해서 공식기억을 주입할 뿐 아니라 이런 기억을 뒷받침할 다양한 사회적 실천 등을 만들기도 한다. 빨갱이와 관련된 공식기억 주입에는 학교 교육만이 아니라 반공 웅변대회, 반공 포스터 그리기, 반공 글짓기, 반공 표어 공모 등의 사회적 실천이 필요했다. 이와 더불어 관제기구를 동원한 반공궐기대회와 반공축제 그리고 모의간첩훈련 등의 행사가 지속적으로 실시되었는데, 이를 통해 사람들은 끊임없이 반공의식을 함양하고 반공적 주체로 자기정립을 했다. 그리고 국가는 공식기억을 주입하기 위해 매스미디어를 적극 활용하기도 했다. 그 대표적인 예가 박정희 시대에 절찬리에 방영된 '전우'[75]라는 드라마다. 물론 드라마 제작을 국가기구가 직접 하진 않았지만 국가가 방송국을 통제하고 있는 상황에서 시대상에 맞는 내용의 드라마가 제작되는 것은 어쩌면 자연스러운 일일 것이다. 매스미디어는 국가가 공식기억 주입을 위해 가장 중요하게 활용할 수 있는 사회적 장치다.

국가가 공식기억을 생산하고 사람들에게 주입하는 과정에서 억압당하며 망각의 세계로 떨어진 개인들의 파편화된 기억들이 존재한다. 이 파편화된 기억들은 사건의 진실을 보여 주는 것으로 공식기억의 허구성을 폭로할 위험성을 가진다. 이 때문에 국가 입장에서 이런 기억들은 사회적 기억의 공간으로 나와서는 안 된다. 하지만 국가의 억압이 아무리 강하다고 할지라도 파편화된 기억을 간직한 사람들의 진실을 알리려는 노력을 국가가 영원히 잠재울 수는 없다. 이들의 기억이 사회의 공적 영역으로 다시 되살아날 수 있던 것도 반공독재체제를 무너뜨린 학생과 시민들의 민주화투쟁을 통해서였다. 물론 이들의 기억을 공적인 공간에서 되살리는 투쟁 자체가 민주화투쟁의 중요한 영역이기도 했다.

1987년 6월 민주화투쟁 이후 국가폭력에 희생당한 사람들, 그래서 자신들의 기억을 말할 수 없던 사람들은 공식기억에 맞서 자신의 기억을 사회에 알리기 위해 지난한 투쟁을 전개했다. 하지만 한국 사회는 여전히 반공 사회의 망령에서 완전히 벗어나지 못하고 있다.

그렇더라도 1987년 6월 민주화투쟁 이후 민주주의가 진전되면서 반공이념이 상당히 약화되었고, 4·3사건조차 국가폭력의 희생자를 양산한 사건임을 공공연히 이야기할 수 있게 되었다. 이런 점은 반공이념에 의지해 사회적 기득권을 누리는 세력에게는 위기일지 모른다. 그러나 이미 민주주의가 상당히 진전된 상황에서 예전과 같은 반공사회로 돌아갈 수는 없다. 이에 기득권 세력이 자신의 기득권을 계속 누리려면 자기 변신을 꾀하지 않을 수 없게 되었다.

이런 상황에서 등장한 존재가 바로 뉴라이트다. 뉴라이트는 분명 반공의 망령이 여전히 남아 있는 한국 사회에서 되살아난 새로운 우파다. 그러나 이들이 반공의 망령을 살려내 자신의 기득권을 유지하는 방식은 독재정권 시절과 다르다. 이에 이들은 사람들에게 어떤 것이 행복하고 좋은 세상인지 외치기 시작했다. 그리고 이들이 말하는 행복하고 좋은 세상을 만들기 위해서는 반공이 반드시 필요하다고 속삭인다. 물론 여기에서 이들에게 행복하고 좋은 세상은 '자유민주주의'와 '자유시장경제'다. 자유민주주의와 자유시장경제는 공산주의와 대결 속에서 지켜낸 것이다. 이에 이들은 행복한 삶을 지키기 위해서 반공은 반드시 필요하다고 주장한다.

뉴라이트에게 반공은 자유민주주의와 자유시장경제를 위한 수단이다. 그런데 이들이 주장하는 자유민주주의와 자유시장경제는 민주주의와 무관하다. 보통 유럽의 보수적 우파라 칭하는 자유주의자들은 민주주의를 부정하지 않고 오히려 중요하게 여긴다. 유럽의 우파들도 원자화된 개인들이 시장에서 자유롭게 경쟁하는 사회를 꿈꾼다는 점에서 한국의 뉴라이트와 별반 차이가 없다. 그러나 이들은 역사적으로 정치적 자유를 위해 투쟁해 온 세력으로 자신이 꿈꾸는 사회를 이룩하기 위해서는 민주주의가 당연하다고 생각한다. 그런데 한국의 뉴라이트는 자신들이 원하는 사회를 이룩하기 위해서 민주주의가 반드시 필요하다고 생각하지 않는다. 오히려 이들은 자유시장경제를 위해서 민주주의가 방해된다면 이를 짓밟아도 아무런 문제가 되지 않는다고 생각한다. 이들의 자유민주주의는 공산주의와 대립하는 정치체제에 불과하다. 어쩌면 뉴라이트는 반공의 망령에서 벗어나지 못한 한국 사회가 만든 기형적인 자유주의의 변형이라 할 수 있다. 아니 엄밀히 말해 온전한 의미의 자유주의라 할 수 없을지도 모르겠다.

뉴라이트의 강력한 지지를 등에 업고 이명박 정권이 등장하자

1990년대 이후 꾸준히 진전된 민주화 덕택에 이제는 역사의 뒤안길로 사라졌다고 생각한 것들이 다시 되살아나 사람들을 어리둥절하게 만들었다. 앞서 얘기한 금성교과서 파동이 대표적이다.

이들은 어쩌면 민주주의 자체를 추방하고 싶어 하는지도 모르겠다. 일례로 이들은 중학교 사회 교과서에 민주주의 대신 자유민주주의를 표기하도록 해 사회적 논란을 불러일으키기도 했다. 사람들은 이 논란을 지켜보면서 많이 헷갈렸을 것이다. 도대체 민주주의와 자유민주주의가 어떻게 다르고 왜 민주주의를 자유민주주의로 대체해야 하는지 참으로 의아했을 것이다. 이를 단지 말장난에 불과하다고 많은 사람이 생각했을지도 모르겠다. 이들에게 민주주의는 불편한 진실이다. 민주주의는 사상의 자유를 인정해야 하고 자신과 다른 생각을 가진 세력과 공존해야만 한다. 이 말은 어떤 사람이 공산주의 사상을 가지고 있다고 할지라도 그 사람의 사상을 인정하고 함께 공존해야만 한다. 그러나 뉴라이트에게 이는 추호도 용납할 수 없는 일이다. 공산주의로부터 자유민주주의를 지켜냈는데, 공산주의 사상을 가진 존재를 인정하고 함께 공존하라니. 결국 민주주의는 이들과 공존할 수 없을지도 모른다. 한국 사회의 슬픈 자화상일지도 모르겠다.

2011년 봄 발생한 천안함사건, 당시 지방선거를 앞두고 이명박 정권은 이 사건을 북한의 소행이라 발표했다. 이는 북풍이라는 반공의 망령을 선거에 이용하려는 독재정권 시절 일상적으로 일어나던 구태의 화려한 부활이었다. 그러나 예전과 같이 그리 큰 힘을 발휘하지 못했다. 시민 사회의 자정 능력이 작용한 것이다. 천안함 격침이 북한의 소행이 아닐 수 있다는 의혹이 제기되었고, 시민 사회 내부에서 이 사건을 합리적으로 이해하려는 토론이 활발히 전개되었다. 결국 이명박 정권이 의도한 북풍의 망령은 그리 큰 힘을 발휘하지 못했고 한나라당은 선거에서 참패했다. 이는 한국 사회에서 민주주의가 상당히 진전해 더 이상 북풍과 같은 반공의 망령이 예전과 같은 힘을 발휘하지 못한다는 점을 보여 준다. 나아가 뉴라이트와 같은 세력이 아무리 반공의 망령이라는 끝자락을 쥐고 자신이 원하는 세상을 꿈꾸면서 좌파 척결을 외친다고 하더라도 이들의 외침을 한국 사회가 더 이상 용인하지 않을 것임을 암시한다. 이런 점에서 한국 사회는 자유민주주의를 가장한 반공체제를 더 이상 용납하지 않고 민주주의를 더욱 진전시켜 나갈 것임을 믿어 의심치 않는다. 반공의 망령은 그야말로 망령에 불과하다.

|주|

1 이 책에 나오는 설문은 필자가 근무하는 상명고등학교에서 2009년 1학년이던 학생 서른세 명을 대상으로 했다. 설문에 성실하게 답해 준 학생들에게 감사의 마음을 전한다.

2 김한종 외,《한국 근·현대사》, 금성출판사, 2006, 243쪽.

3 김한종 외, 242쪽.

4 '봉건제 결여론'으로 대변되는 정체성론에 대항한 조선의 역사가들이 있다. 이들을 사회경제사학자라 하는데, 해방 후에도 역사학계에서 한 그룹을 형성했다. 이들의 노력은 '자본주의맹아론'으로 나타났는데, 조선 사회는 봉건제가 결여되기는커녕, 봉건제가 오랫동안 존재했으며, 심지어 조선 후기에는 자본주의 싹이 자라나 일본이 식민 지배를 하지 않았으면, 스스로의 힘에 의해 자본주의로 전환할 수 있었다는 논리다. 이들의 역사 연구는 정체성론을 극복하는 데 큰 성과를 가져온 것은 분명하지만, 아이러니하게도 이들의 역사 연구도 마르크스주의 역사 발전 단계설에 입각하고 있다는 점이다.

5 조관자,〈'민족의 힘'을 욕망한 '친일 내셔널리스트' 이광수〉,《해방 전후사의 재인식 1》, 책세상, 2006, 525~526쪽.

6 김한종 외, 198쪽.

7 저항적 민족주의는 일제와 타협하지 않는 독립운동가를 말한다. 이들 민족주의자는 크게 좌우파로 나눌 수 있는데, 좌파의 민족주의는 공산주의 이념과 결합으로 나타났고, 우파는 민주주의와 공화주의 이념과의 결합으로 나타났다.

8 조관자, 527쪽.

9 이광수는 3·1운동에서 일정한 역할을 하는 등 처음에는 민족주의자로서 면모를 보였다. 그러나 1920년대 일제가 '문화정책'을 표방하자 '자치론'을 제기해 '타협적 민족주의자'로 변신했다. '자치론'은 일제로부터 완전한 독립이 아니라 일제가 허용하는 범위 내에서 일정한 자치권을 획득하자는 주장이다. 조선의 절대적인 독립을 주장하는 비타협적 민족주의자들이 보기에 이는 일제와 타협을 주장하는 기회주의에 불과하다. 일제와 타협을 주장한 이광수는 1930년대 이후 일제의 침략전쟁에 적극 협조하고 앞장서는 친일파로 변신했다. 이는 어쩌면 기회주의자인 이광수의 당연한 귀결일지도 모른다.

10 이영훈,〈왜 다시 해방 전후사인가〉,《해방 전후사의 재인식 1》, 책세상, 2006, 55쪽.

11 이하 뉴라이트를 '자유주의 시장경제주의자'로도 표기한다.

12 이영훈, 57~58쪽.

13 주익종,〈식민지 시기의 생활수준〉,《해방 전후사의 재인식 1》, 책세상, 2006, 112~113쪽.

14 주익종, 111쪽.

15 경제성장률이 삶의 질 향상과는 직접적인 관계가 없다는 사실은 현재 한국 사회가 너무나 잘 보여 준다. 이명박 정부는 경제성장이 장밋빛 미래를 보장할 것이라고 끊임없이 선전하면서 경제성장률을 높이는 데 골몰했다. 그 결과 성장 중심의 경제 정책을 추진해 정권 초기 세계 경제공황 와중에도 5%에 이르는 놀라운 경제성장률을 달성하기도 했다. 그러나

이런 경제성장으로 수출 대기업은 엄청난 돈을 벌었지만 서민은 물가상승 때문에 오히려 삶의 질이 악화되었다.

16 주익종, 124쪽.

17 주익종, 125쪽.

18 주익종, 127~128쪽.

19 김한종 외, 215쪽.

20 '토지조사사업'을 통해 동양척식주식회사는 엄청한 토지를 집적했다. 자유주의 시장경제주의자는 토지조사사업을 '근대 토지소유권'이 형성시켜 시장경제질서를 형성하는 토대로 이해하며, 조선인 토지 수탈을 부정한다. 그러나 이 사업을 진행하는 과정에서 소유주가 불분명한 국공유지나 미신고 토지를 총독부로 귀속시켰고, 이를 동양척식주식회사에 넘겨 경영하거나 값싸게 일본인에게 불하했다. 이는 근대적 토지소유권 확립이 얼마나 수탈적인 방식으로 이루어졌는지를 보여 준다.

21 교과서포럼, 《대안교과서 한국 근·현대사》, 도서출판 기파랑, 2008년, 87쪽.

22 뉴라이트 학자인 김낙년은 시장 요인을 통해 쌀의 증산량 이상으로 일본으로 쌀이 이출된 상황을 설명한다. 그는 일본 경제와 통합된 조선이 일본의 쌀 수요 증대로 인해 쌀 가격이 상승하자 조선 내 쌀 소비는 억제되고, 쌀 가격이 좋은 일본으로 농민이나, 주로는 지주들이 쌀을 수출했다고 주장한다.

23 카터 J. 에커트, 〈식민지 말기 조선의 총력전·공업화·사회 변화〉, 《해방 전후사의 재인식 1》, 책세상, 2006, 621~622쪽. 카터 J. 에커트는 미국인으로 하버드대학과 로렌스대학에서 서양 고대사와 중세사를 전공했다. 그는 1970년대 초 한국의 평화유지군으로 근무하면서 동아시아와 한국에 깊은 관심을 갖게 되어 워싱턴대학에서 일본사와 한국사 박사 학위를 획득했다고 한다. 그의 입장은 기본적으로 자유주의 시장경제주의자들과 같다고 해도 무방하다.

24 이런 점에서 몇 년 전 인천 자유공원의 맥아더의 동상을 철거하자는 진보단체들의 주장을 십분 이해할 수 있다. 맥아더는 전후 일본의 전범에게 면죄부를 줌으로써 일본이 식민 지배와 전쟁범죄에 대해 사죄와 배상하지 않는 근본적인 원인을 제공했다. 또 그는 한국전쟁 당시에도 만주에 핵무기를 터뜨리고 중국과 전쟁해야 한다는 위험천만한 주장을 하기도 했다.

25 카터 J. 에커트, 650쪽.

26 김한종 외, 164쪽.

27 카터 J. 에커트, 634쪽.

28 에커트는 특히 박정희에 지대한 관심을 표명했다. 박정희는 쿠데타를 통해 집권해 한국의 공업화를 획기적으로 이룬 인물이다. 이런 점에서 뉴라이트는 박정희를 시장경제에 기초해 경제성장을 이룩한 대부로 숭상한다.

29 김한종 외, 266쪽.

30 교과서포럼, 137쪽.

31 당시 친일파는 미국과 소련의 대립이라는 냉전적 현실 속에서 재빨리 반공주의 노선을 채택하여 살아남았다. 이들은 반공주의 노선을 걸으면서 진실을 호도하고 왜곡하는 일도 서슴지 않았다. 그 대표적인 예가 "소련은 신탁통치를 주장했고, 미국은 즉시독립을 주장했

다"는 《동아일보》의 삼상회의 결과 보도다. 이 보도가 나가자 처음에는 좌우파 모두 신탁통치 반대를 주장했다. 그러나 이는 사실이 아닌 것으로 밝혀졌다. 그리고 모스크바 삼상회의 내용 중에서 신탁통치만이 아니라 조선인에 의한 임시정부 수립 내용도 알려지게 되었다. 이 때문에 당시 좌파들을 위시한 중립적인 세력 중 많은 사람이 모스크바 삼상회의를 총체적으로 지지하였다. 이들의 지지는 신탁통치가 아니라 임시정부 수립에 더욱 방점이 찍혔다. 그러나 이들의 입장은 이런 왜곡 보도에 힘입어 찬탁으로 알려지게 되면서 이미 신탁통치에 대해서 부정적인 인식을 가지게 된 대중들에게 마치 매국노처럼 취급되었다. 이는 결국 좌우파가 서로 소통할 수 있는 길을 차단하는 하나의 요인이 되었다.

32 교과서포럼, 140쪽.

33 교과서포럼, 158쪽.

34 샌드위치 표는 맨 위에 장과 아래 장은 이승만 표이지만 그 사이에는 조봉암 표였다. 100장 단위로 묶으면 결국 이승만 표는 두 장이고, 나머지 98표는 조봉암 표인 셈이다.

35 한홍구 외, 《대한민국의 정통성을 묻다》, 철수와 영희, 2009, 37쪽.

36 여기서 말하는 사회주의는 유럽식 사회민주주의를 의미한다. 흔히 우리는 사회주의라 하면 러시아의 공산주의를 떠올린다. 러시아의 사회주의는 의회민주주의가 부재하던 러시아의 산물이다. 러시아 사회주의는 폭력 혁명과 일당 독재 그리고 시장경제 부정을 특징으로 하는데, 이들은 유럽식 사회주의와 자신을 구별하기 위해 '공산주의'라 불렀다. 유럽식 사회주의는 의회와 다당제를 인정하고, 시장경제를 부정하지 않는다. 다만 시장경제가 가진 불평등을 극복하기 위해 보편복지를 추구한다.

37 한홍구 외, 215~216쪽.

38 한홍구 외, 42~43쪽.

39 조지 힉스 지음, 전경자 · 성은애 옮김, 《위안부 : 일본군대의 성노예로 끌려간 여성들》, 창작과 비평사, 1995, 54~55쪽.

40 소정희, 〈교육받고 자립된 자아실천을 열망했건만〉, 《해방전후사의 재인식 1》, 책세상, 2006, 463~465쪽.

41 소정희, 466쪽.

42 후지나가 다케시, 〈상하이의 일본군 위안소와 조선인〉, 《해방전후사의 재인식 1》, 책세상, 2006, 373~375쪽. 뉴라이트는 자신들의 기념비적 저작인 《해방전후사의 재인식》에 일본군 위안소와 위안부 연구에 일본인 학자 후지나가 다케시의 소논문을 수록했다. 다케시의 위안부 연구는 기본적으로 뉴라이트와 생각을 공유한다고 할 수 있다.

43 현재 일본군 위안부를 정신대라 부르는데, 이는 잘못이다. 정신대는 근로정신보국대를 의미하며 산업 현장에 강제 동원되어 일한 사람을 말한다. 그런데 정신대로 동원당한 여성들 중 일부가 위안부로 동원되기도 했는데, 이런 사실 때문에 정신대로 동원당한 모든 여성이 마치 위안부로 동원당한 양 이해되고 있는 것이 현실이다. 이는 가부장적 권력의 시선에 사람들이 사로 잡혀 있음을 보여 준다.

44 일제는 군인들이 점령지에서 저지른 강간과 같은 성범죄로 인해 현지 여론의 악화를 방지하기 위해서 그리고 보다 중요하게는 군대 내에 성병 만연으로 인한 전투력 저하를 방지하고 군인의 사기를 진작하기 위해 위안부를 전쟁으로 동원했다.

45 고헤이와 같은 사람들은 위안소 운영 주체가 아니다. 이들은 엄밀히 말하면 위탁 경영자다.

당시 군대가 직접 관리하고 운영하는 위안소도 있었지만 포주와 같은 이들에게 위탁 경영하는 곳도 많았다. 그러나 위탁 경영하는 곳이라도 운영 주체는 군대였다.

46 조지 힉스, 12~14쪽.

47 흔히 순수한 개인적 기억도 사회적 관계망을 통해서 생성되고 받아들여지게 된다. 이는 어떤 존재도 사회적 관계망을 벗어나서 존재할 수 없기 때문이다. 그런데 이런 사회적 관계망을 통해서 형성된 기억 중 집단이 공유하는 기억을 흔히 '집합기억'이라 한다. 물론 이런 집합기억은 사회적 관계망을 통해서 획득한 것이기 때문에 '사회적 기억'이라고 칭할 수 있다. 그리고 이런 집합기억은 사회적 관계망을 통해 특정 집단이 공유하는 기억이기 때문에 이를 '집단기억'이라고 칭하기도 한다. 이 글에서는 이 세 개념을 구별하지 않고 동일한 개념으로 사용한다.

48 '체용론體用論'은 유학자들의 학문에 대한 기본 입장을 말한다. 유학자는 자신의 몸을 닦고 세상을 다스리는 데 필요한 것을 학문을 근본으로 생각했다. 이것이 체體인데, 사서오경 등을 말한다. 이에 비해 용用은 실용적인 것이다. 유학자에게 역사는 용用의 영역이다.

49 이 글에서는 국가가 사회구성원들에게 가지길 원하는 동일한 집합기억을 국가의 '공식기억'이라 칭한다.

50 유왕기, 《다물한국사》, 민족사연구회, 1990년, 122쪽.

51 유왕기, 183쪽.

52 매우 재미있는 사실은 수메르를 자신의 민족과 연결시키는 것이 《다물 한국사》만이 아니라는 것이다. 나치 시대의 아리안 인종주의자들과 군국주의 시대 일본의 민족주의자들도 최초의 도시국가인 수메르를 자기 민족과 관련 있다고 주장했다.

53 유왕기, 75쪽.

54 앞으로 나오는 설문에는 2010년 상명고 1학년에 재학 중인 한 반 학생 서른 일곱명이 참여했다. 설문에 성실히 임한 학생들에게 고마움을 전한다.

55 북한의 정식 명칭에 관한 질문에 '조선민주주의 인민공화국'을 정확히 아는 학생은 단 한 명뿐이었고, 대부분은 잘못 알고 있거나 몰랐다. 북한에 대해서 제대로 알고 있는 학생은 거의 없고, 단지 미디어를 통해서 단편적으로 수용된 북한에 대한 부정적 이미지를 가지고 있는 것으로 볼 수 있다.

56 강준만·김환표, 《희생양과 죄의식》, 개마고원, 2004, 13쪽.

57 해방 후 북한과 공산당이 저지른 학살은 '반동분자'라는 이름으로 자행되었다. 남한에서 빨갱이가 박멸되어야 할 대상인 것처럼, 북한에서도 반동분자는 박멸 대상으로 국가권력이 학살을 정당화하는 이름이다.

58 황상익, 《제주 4·3 연구》, 역사비평사, 1999, 311쪽.

59 황상익, 314쪽.

60 김성례, 《제주 4·3 연구》, 역사비평사, 1999, 244쪽.

61 무장봉기 세력들은 한라산을 근거지로 활동했기에 산사람이라 한다.

62 황상익, 317~318쪽.

63 황상익, 318쪽.

64 강준만·김환표, 49쪽.

65 윤충로, 《베트남과 한국의 반공독재국가 형성사》, 선인출판사, 2005, 594쪽.

66 선안나, 《아동문학과 반공 이데올로기》, 청동거울, 2009, 55쪽.

67 여기서 말하는 파편화된 기억은 사회의 공식기억과는 다르게 사건과 연루된 개인들의 개별적인 기억을 의미한다. 이들의 기억은 사회의 공적 영역에서 인정할 수 없는 것으로 단지 파편적인 형태로만 존재하며, 결국 공식기억에 의해 억압되거나 망각의 심연으로 빠져들게 된다.

68 여수순천사건은 제주도의 폭동을 진압하라는 명령을 여수순천에 주둔한 군부대 내에서 좌익세력들이 거부하면서 일어난 사건을 말한다. 이 사건은 조정래의 대하소설 《태백산맥》의 배경이 되기도 했다.

69 강준만·김환표, 151쪽.

70 학생들에게 이승복에 대해 물어보았는데, 서른일곱 명 중 일곱 명만 알고 나머지는 몰랐다.

71 강준만·김환표, 194~195쪽.

72 강준만·김환표, 158쪽.

73 김영범, 《민중의 귀환, 기억의 호출》, 한국학술정보(주), 2010, 404쪽.

74 1950년 미국의 상원의원 매카시가 정부 안에 공산당원이 있다고 폭로 한 후 미국 사회는 공산주의자 색출과 추방의 열풍에 사로잡혔다. 2차 세계대전 후 미국은 경기 후퇴와 공산주의 확산에 대한 공포를 가지게 되었다. 이런 사회적 분위기에서 매카시의 폭탄성 발언은 공산주의자 색출과 추방의 열기를 불러일으켰다.

75 1970년대 최고 인기 드라마 중의 하나였다. 일반 양민들을 괴롭히고 학살하는 인민군에 맞서 전설적인 배우 나시찬이 양민들을 구출하고 인민군을 물리치는 영웅적인 이야기를 대강의 줄거리로 했다.